DISCOVRS

SVR L'AFFAIRE DE LA

VALTELINE,

ET DES

GRISONS.

DEDIE'

AV TRES-PVISSANT & Catholique Roy d'Espagne.

Traduit de l'Italien.

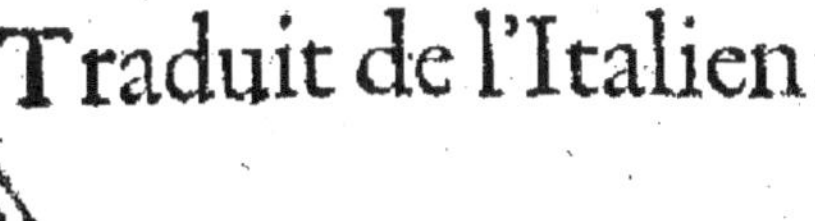

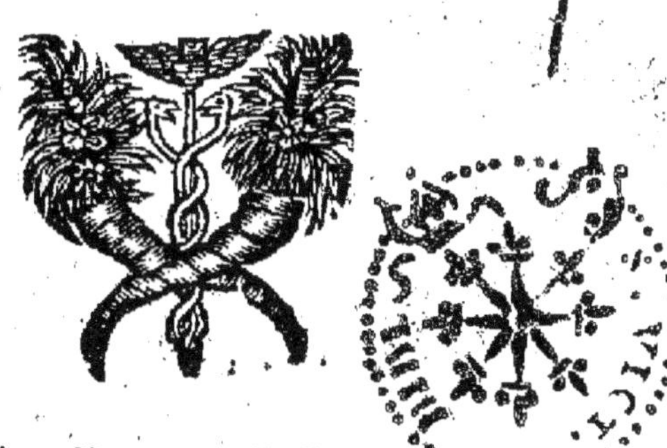

A PARIS,

Par IOSEPH BOÜILLEROT, ruë de la Bucherie, à l'Image saincte Barbe.

M. DC. XXV,

Auec permission.

L'IMPRIMEVR Italien au Lecteur.

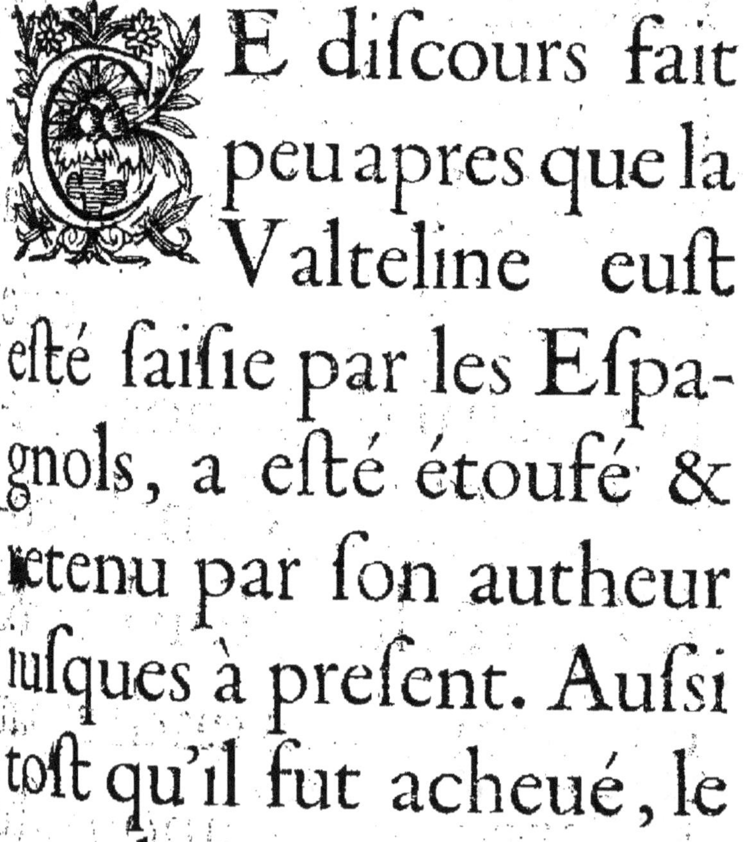

CE discours fait peu apres que la Valteline eust esté saisie par les Espagnols, a esté étoufé & retenu par son autheur iusques à present. Aussi tost qu'il fut acheué, le grand Roy Philippes

III. de glorieuse memoire ; auqel il estoit adressé, mourust: & la restitutiō de la vallée fut mise en traitté, concluë par accord, & on esperoit de la voir mettre à execution. Depuis que l'ennemi du repos a jetté les affaires dans la cōfusion & le desordre, & qu'il faut reprendre par la force ce qui auoit esté osté auec vne violence injuste, & qu'on n'a pas voulu restituer par voye de Iustice, on est contraint pour beaucoup de raisons de mettre ce discours en lumiere. Il seruira pour faire voir à vn chacun l'injuste vsurpation de la Valteline, que les Espagnols appellent vne deliurance de la tyrannie des Grisons

& heretiques. Il tesmoignera aussi la iustice des armes prinses par les Princes vnis, pour remettre en liberté ces peuples, qu'ō auoit trop indignemēt & trop cruellemēt oppressez. Quiconque n'aura point à dessein esteint la clarté & la lumiere de l'entendement, tirera de ce discours beaucoup de bōnes & ſolides conſiderations touchant la grandeur de la Religion; touchãt l'eſtat de la ſaincte Egliſe Romaine ; touchant la liberté de l'Italie, & la ſeurté de la plus grãd part des Princes de l'Europe. Receuez le dõc de bon cœur, vous qui aimez la verité, le bien, & la Iuſtice. A Dieu.

L'INTERPRETE AV LECTEVR.

L'Affaire de la Valteline & des Grisons, est l'vne de celles qui a faict ouurir la bouche aux ennemis du Roy tres-Chrestien pour blasphemer contre luy dans les escrits publics qu'on a jetté aux yeux de toute l'Europe. L'autheur de la Remonstrance en parle comme d'vne guerre entreprise contre Dieu, contre le S. Siege, & contre la Religion.

Outre ce qui en a esté deja donné au public, voicy le Manifeste des Catholiques Italiens sur ce sujet, que i'ay rendu fidellement en nostre langue. Chacun y verra les mesmes ressentimens que nous auons en France contre le dessein de ceux qui veulent empieter les Estats soubs le pretexte de la Religion. Leurs raisons & les nostres ont le mesme but, qui est de monstrer que les Espagnols font eux mesmes ce qu'ils blasment és autres; que leurs artifices sont cognus d'vn chacun; qu'il n'y a point au mõde vn plus malicieux tiltre pour se saisir du bien d'autruy que l'apparence de la pieté, parce que c'est vouloir authoriser du nom de Dieu les brigandages; & que les mauuais conseils font tort aux grands Princes, qui sont bien souuent blasmez pour les fautes de leurs seruiteurs. Les preuues sont prinses, comme il est arriué parmy nous, de l'histoire d'Espagne, que l'Inquisition a examinée & approuuee, & qui ne peut estre debatuë que par les meschans. En particulier il sera aisé par ce moyen de desabuser plusieurs qui ont iusques icy mal ou peu fauorablement jugé des affaires du Roy, & de la droite intention de ses Ministres. Cependant qu'ils seruent à Dieu

& au public, il eſt bien injuſte de ſouffrir qu'ils ſoient deſchirez & calomniez tout ouuertement par nos ennemis, & qu'on ne leur die rien. Si nous ne les deffendions pas, les pierres criëroient contre nous; & Dieu redemanderoit ſeuerement compte à vn chacun de ceux qui peuuent empeſcher par bonnes raiſons qu'on ne meſdiſe point du Roy qui eſt le Prince du peuple, *ou de ſes Conſeillers, qui ſont* ſes miniſtres. *Quand on redreſſe le bœuf ou l'ane de ſon ennemy, & qu'on les remet au chemin, s'ils ſont égarez, on fait ce que la Loy de Dieu cõmande. Il y a donc beaucoup plus*

de raiſon de redreſſer nos ennemis eux meſmes ; & de l[illegible]mener par la main chez eux , d'où ils ſont ſortis par paßion, pour ſuiure des eſgaremens pernicieux. La verité eſt la fille du temps & du diſcours. Elle peut eſtre cachee quelque temps ; mais non pas étoufee. Elle eſt plus puiſſante que rien qui ſoit au monde ; & Dieu compare la fermeté & l'incorruptibilité des cieux auec la verité, pour nous aſſeurer qu'elle ne peut eſtre vaincuë. Les artifices & les deſguiſemens ne durent non plus deuant elle, que les broüillards en plein eſté aux rayons du Soleil. Ceux-là meſmes qui ſont ſem-

blant de luy résister, luy donnent le cœur; & quand par interest ils estriuent contre elle pour quelque temps, ils sont plus ardans à la deffendre apres s'estre rendus. Cela nous fait esperer que ceux qui s'estoient laissez circonuenir & abuser par les mauuais discours, serõt les plus aspres defenseurs cy apres de la justice du Roy, & de l'innocence de ses Ministres. Ce n'est pas qu'ils en ayent besoin, non plus que Dieu n'a pas besoin qu'on le venge contre les iniures des mortels, qui ne peuuent pas luy nuire: mais c'est qu'il faut que chacun qui se recognoist subjet, face son deuoir, & donne à co-

gnoiſtre que non ſeulement il ne conſent pas aux calomnies, mais qu'auſſi il les deteſte de tout ſon cœur. Nous n'offençons perſonne: mais nous repouſſons l'iniure, & encor ſommes nous bien aiſes de le faire auec loüange. Si chacun apprẽd â ſe cõtenir & à ſe taire, il n'en eſt pas vn de nous, tant que nous ſommes, qui ne ſoit tres-aiſe de loüer & de celebrer les vertus de ceux qui nous les feront cognoiſtre. Ie ne voyois pas que j'ay tort de parler ſi long temps dans la maiſon d'autruy; & qu'il eſt bien raiſonable que ie me taiſe deuant les Italiens, qui ſçauent beaucoup mieux ces affai-

res que nous, & qui ſont les meilleurs & les plus ſages politiques de l'Europe.

AV CATHO-

AV CATHOLIQVE ROY D'ESPAGNE PHILIPPES III.

SACREE ET CATHOLIQVE MAIESTÈ,

Le Manifeste imprimé sous le nom des habitans de la Valteline, contre la tyrannie des Grisons & Heretiques, a donné sujet d'offence & d'achopement à tous ceux qui ont du jugement. Ils sçauent assez qui sont ceux qui l'ont publié, & à quelle fin : & sçauent que les Valtelins n'en ont iamais rien sceu, & qu'ils n'ont eu aucune part en ces plaintes publiées sous leur nom. C'est pourquoy j'ay desiré d'en parler solidement, & de mettre au iour la verité qu'on veut esteindre. Ie croy que ie feray plaisir à vostre Majesté, & que ie la seruiray : puis qu'estant veritablement religieuse comme elle est, elle doit auoir peur d'estre abusée par les fausses apparences de pieté & de Religion, auec lesquelles le diable, qui est ennemy des Rois qui ont les meilleures intentiõs, a de coustume le plus souuent de se transformer en Ange de lumiere, & de s'offrir à eux pour les traisner, sans qu'ils s'en apperçoiuent, dans la tyrannie & dans l'oppression, faisant semblant de les vouloir conduire auec honneur & justice. Pour mieux establir ce discours, ie prendray l'affaire de plus loing, & feray comme les bons Architectes, qui cauent fort bas les fondemens du bastiment qu'ils veulent leuer bien haut.

C'est veritablement vn tres-puissant object que celuy de la Religion; laquelle, quand mesme elle est feinte & déguisée, ne laisse pas d'émouuoir puissamment les esprits. Pour cela plusieurs Princes, ou par le conseil des mauuais Ministres, ou par vne insatiable conuoitise d'auoir des Prouinces, des Royaumes, & des Empires, n'ayãs point de juste tiltre pour auoir par justice ce qu'ils veulent prẽdre par les armes & par la force, ils empruntent soudain le pretexte de la Religion. Sous ce manteau, ils ne veulent pas seulement mettre à couuert leurs actions, & les faire paroistre bonnes & sainctes : mais encores ils taschent par ce moyen d'obliger vn chacun de fauoriser leurs desseins. Quelquesfois aussi il arriue qu'auec vn bon zele, & auec vn desir veritable d'auancer la Religion, & auec de tres-justes & tres-honorables tiltres, les Rois font de bonnes & sainctes entreprises : mais le Demon qui conuertit les fleurs en venin, & qui souuent se sert du bien comme d'vn outil pour mal-faire, a de coustume de reduire ceste affection de pieté & de Religion au seul interest particulier, de changer le zele en ambition, & de mettre les plus justes tiltres pour fondemens de quelque tyrannie. Quand donc il s'agist d'acquerir de nouueau vn Estat, le Prince doit bien régarder s'il le peut faire auec honneur & justice : & s'il n'a point d'autre tiltre que celuy de la Religion, tant plus doit-il prendre garde a soy, pour empescher que ce ne soit point vne belle couuerture d'vne brutale & inique conuoitise.

Pierre troisiesme Roy d'Arragon, auec les plus grandes forces qu'il peust amasser, fit dessein d'aller en Afrique, contre les Mores ennemis perpetuels de la Religion. Il se fit assister par S. Louis Roy de France d'vne bonne somme de deniers. Que pouuoit-il entreprendre de plus sainct? Qui l'eust osé blasmer? Neantmoins le serpent venimeux estoit soubs l'herbe : voicy où estoit la perfidie & la trahison. Il auoit enuoyé quelque temps auparauant en Sicile Iean Prochite, en habit de Moine. Ce garnement se vouloit venger contre Charles d'Anjou Roy de Sicile, frere propre de sainct Louis. Ce Moine trauesti enuoyé par le Roy d'Arragon trauailla à sousleuer les Siciliens contre leur Roy, & à les faire resoudre d'exterminer les François. Il en vint à bout. La Sicile se reuolta contre son Roy, & les François furent tous égorgez. Le Roy Charles print les armes pour reduire ces peuples : ces peuples les prindrent pour luy resister. Cependant le Roy d'Arragon, qui auoit à peine approché de la

[Io]sephus [C]onsillius [H]ist. Siciliæ [p]er. 2. l. 8. [G]onsalo de

coste d'Afrique, & s'estoit rendu en l'isle de Sardaigne, pour estre prés de la Sicile au besoin, dés que l'occasion qu'il auoit recherchée luy fust offerte, il courut à Palerme, où les Siciliens le receurent auec ioye, & le firent leur Roy. Voyez, Sire, comme auec vn desloyal & maudit artifice, sous pretexte de la Religion, & faisant semblant de prendre les armes cõtre les ennemis de la Chrestienté, Pierre osta la Sicile à vn Roy Chrestien, feudataire du sainct Siege, & qui est bien pis, auec l'argent qu'il auoit receu de S. Louis, propre frere de Charles d'Anjou. Martin IV. Pape de grande saincteté, duquel les Espagnols eux-mesmes racontent les miracles qu'il a faits aprés sa mort, excommunia le Roy d'Arragon, & mit son Royaume en interdit. Il croyoit de le renger à restituer l'Estat qu'il auoit vsurpé: mais ce fust sans effet. Quiconque saisit le bien d'autruy injustement, ne craint gueres les censures de l'Eglise.

Igliescas hist. Pontificale. part. 1. l. c. 45. Antoni Sabellici part. 2. Enead. 9. lib. 7.

Qu'elle entreprise peut-on imaginer plus Catholique que celle des Indes, pour y apporter le sainct Euangile? Quel plus juste tiltre que celuy d'Alexandre VI. qui donna à Ferninand & Isabelle en ce nouueau monde l'Empire souuerain sur tous les Rois, & sur tous les Royaumes infidelles ? Mais qu'y a-t'il au monde de plus injuste que la conqueste de tous ces pais-là? On y est entré par la force des armes, premier que de les auoir appellez par la douceur de l'Euangile. On a fait mourir les Rois pour auoir leurs Estats, encor qu'ils n'empeschassent point l'establissement de la Religion, & que mesmes ils fussent desireux de la receuoir. Et quand cela n'eust pas esté, ils ne pouuoient pas de droict estre contraints par les armes, puis que c'est contre la volonté de nostre Seigneur Iesus-Christ, qui dit; *Que les pieds sont beaux de ceux qui Euangelisent la paix.* Beaucoup moins pouuoient-ils estre dépoüillez de leurs Estats, puis que Iesus-Christ venant au monde a bien monstré que l'Empire des Payens & infidelles est juste & legitime, commandant à ses Apostres mesmes de payer le tribut à Cesar. Et le Pape, quand il a donné l'Empire souuerain des Indes, n'a pas entendu prejudicier à la seigneurie directe & immediate de tous les Roys mécreans, puis qu'il ne le pouuoit pas faire. Ce que cognust tres-bien, par la seule lumiere de nature, ce grād Atabalipa Roy du Peru, auquel frere Vincent de Vauuerd fit la plus impertinente & odieuse harangue qu'on sçauroit s'imaginer pour le conuertir. Entr'autres belles choses qu'il luy proposa, celle-cy en fust vne.

El Papa que oy biue dio à nuestro potentissimo Rey de Espanna, Emperador de los Romanos, y Monarcha del mundo, la conquista destas tierras. El Emperador embia agora à Francisco Pisaro a rogaros seais su amigo y tributario: y que obedescais al Papa, y recebays la feè de Christo, y creays en ella; porque vereys como es sanctissima, y que la que vos agora teneys es mas que falsa. Si esto todo no hazeys, sabed, que os hemos de dar guerra, y os quebraremos los Idolos; y os forcaremos a que dexeys la religion de vuestros falsos Dioses.

C'est à dire,

Le Pape qui vit aujourd'huy, a donné à nostre puissant Roy d'Espagne, Empereur des Romains, & Monarque de tout le monde, la conqueste ce païs. L'Empereur vous enuoye François Pisarre, pour vous prier d'estre son amy & tributaire, & que vous obeïßiez au Pape, & receuiez la foy de Christ, & que vous croyez en elle; parce que vous verrez qu'elle est saincte, & que la vostre est plus que faulse. Si vous ne faites pas tout cela, sçachez que nous auons charge de vous faire la guerre. Nous mettrons vos Idoles en pieces, & vous forcerõs de quitter la religion de vos faux Dieux.

Y eust-il iamais vn Sermon tel que celuy-là?

rtholo. las Ca- Euesque Chiapa.

Comme si le Fils de Dieu, qui est mort pour vn chacun d'eux, auoit commandé en sa Loy lors qu'il dit, Enseignez toutes gens, d'intimer aux infidelles qui sont paisibles poßesseurs de leurs biens, que s'ils ne reçoiuent promptement la Foy sans autre predication ny doctrine, & s'ils ne se rendent subjets d'vn Roy, qu'ils n'ont iamais veu, duquel ils n'ont iamais ouy parler, & les gens duquel en particulier sont si cruels, si impies, & si horribles Tyrans, pour ceste raison seulement, ils perdront leurs biens, leurs terres, leur liberté, leurs femmes, leurs enfans, & leur vie. C'est vne chose absurde, folle, digne d'opprobre, d'infamie, & de l'enfer mesme.

Ainsi parloit vn sage Euesque Espagnol, natif de Seuille, personnage craignant Dieu, & aimant la verité.

Sur ce propos de frere Vincent, le Roy Atabalipa fut grandement émeu ; & tint ces paroles, rapportées par les Espagnols mesmes;

Il ne me semble pas à propos d'obeir au Pape, parce qu'il doit estre fol, de donner ce qui n'est pas à luy. Il me commande de quitter mon Royaume que j'ay par la succession de mon pere, & veut que ie le baille à vn homme que ie ne cognois point. Igliescas.

Certes, suiuant la demande, il ne pouuoit pas faire autre response : laquelle neantmoins estoit fausse, parce que le Pape n'estoit pas si priué de sens, qu'il eust voulu accorder vne telle conqueste au Roy Catholique, ny à aucun autre en particulier, par le moyen des armes, comme ce Predicateur le disoit par ses menaces, puis que cela seroit tres-injuste & tres-méchant. Pourtãt ce bon Euesque de Chiapa parlant hardiment pour la deffense de la verité, enuoya trente propositions au Conseil Royal des Indes sur ceste matiere. Elles sont imprimées à Seuille l'an 1552. En la 23. il parle ainsi;

D'assubjettir ces peupbes par les armes,

c'est vne voye toute contraire à la Loy & au joug de Christ, qui est doux & aisé à porter. C'est la procedure de Mahomet : c'est celle des Romains, auec laquelle ils ont jadis troublé & pillé tout le monde. C'est celle que tiennent aujourd'huy les Turcs, les Mores & le Cherif. Elle est tres-injuste & Tyrannique : Elle diffame le nom doux & venerable de Iesus-Christ: Elle fait blasphemer contre Dieu, & contre la Religion Chrestienne, comme nous sçauons qu'il se fait tous les iours aux Indes, parce qu'ils croyent que Dieu est plus cruel & plus injuste que tous les autres Dieux. Et par consequent elle empesche entierement que les Infidelles ne se conuertissent; & a rendu tout à fait impossible de voir jamais deuenir Chrestiens la plus-part de ces peuples.

En la derniere de ces propositions il conclud;

De là il s'ensuit necessairement, sans prejudice de la Souueraineté des Indes qui appartient aux Rois de Castille; Que tout ce qui s'y est fait, soit pour le regard de leurs conquestes injustes & Tyranniques, soit pour les partages & Commandes, est nul, abusif, & sans aucune raison de droict.

Et en la regle septiesme de celles quil

baille ppour seruir d'adresse à ceux qui confessent les Espagnols employez à la conqueste des Indes, ce bon Prelat parle ainsi;

Tout ce qui s'est fait aux Indes par les Espagnols, tant pour leur inuasion dans vne chacune Prouince, comme pour la subjection & seruitude en laquelle ils ont mis ces peuples, ensemble tous les moyens qu'ils ont employez pout le faire, & les fins qu'ils ont eu, auec toutes les dépendances & circonstances, a esté fait contre la Loy de nature, contre le droit des gens, mesmes contre la Loy de Dieu, & pourtant est tout injuste, inique, tyrannique, & digne de tous les tourmens de l'enfer, digno de todo fuego infernal: *Et par consequent est nul, inualide, sans aucun effet ou raison de justice.*

Sacrée Majesté, Les propositions de ce Prelat sont horribles d'abord, & semblent estre des mesdisances publiées par vn esprit passionné: mais qui lira bien tous ses escrits, & pesera soigneusement toutes les circonstances, verra clairement que ce sont des paroles conceuës par la verité mesme, excitées par vn sainct zele, prononcées par vn homme dépoüillé de toute passion, & qui n'auoit autre interest que celuy de la justice.

Cét Euesque passa la pluspart de ses iours dans les Indes. Il veit, comme luy-mesme le tesmoigne, durant quarante & neuf ans tout de suitte, ce qui se faisoit aux Indes : & employa trente-quatre années és estudes de la sacrée Theologie, pour bien cognoistre la iustice & l'equité.

Il ne soustient rien qu'il ne prouue tres-doctement. Il dedie ses œuures au Roy & à son Conseil, auquel il a souuent esté ouy en personne sur ces matieres. Qui doutera donc de la verité de ses paroles?

On ne médit point des Rois en parlant à eux-mesmes. Vn hõme si capable & si pratic ne peut estre blasmé d'auoir ignoré le fait ou le droit en ces choses. La vie exemplaire de ce Prelat le met tout à fait hors de soupçon d'y auoir aucun interest ou passion. Il quitta son Euesché pour venir à la Cour de son Roy defendre l'innocence de ces peuples, trop esloignez de luy pour en estre flatez aux despens de la Cour d'Espagne, au milieu de laquelle il viuoit. Il a donc fallu que la seule affection de dire la verité, l'ait poussé à ces libres discours. Les raisons inuincibles desquelles il appuye son tesmoignage, le mettent hors du pair, & en étouffent toutes les cõtradictions. Si bien que vostre Majesté, qui aime autant la verité comme elle aime son Dieu, considerant bien auec vn esprit reposé toutes ces choses, conclurra auec sincerité de conscience ce que i'ay dit au commencement; Que les entreprises faites pour le bien de la Religion seulement, finissent bien souuent par l'interest particulier, & qu'on abuse miserablement des tiltres, dignitez, & priuileges que les Papes Lieutenans de nostre Seigneur Iesus-Christ ont accordé auec vn tres-sainct zele.

Il est bien vray que ce Prelat tasche d'excuser les Rois Catholiques, disant que ces malheurs sont arriuez à leur desceu, & contre leur intention, qui se trouue clairement exprimée dans les ordres & instructions que leurs mauuais ministres n'ont point eu soin de suiure.

Mais ceste excuse n'a point de lieu parmy les honnestes gens, & qui sçauent ce que c'est: ains elle est renuersée par de tres-bonnes raisons.

Parce qu'il ne se trouue point que iamais les Rois Catholiques ayent fait punir les autheurs de telles impietez, encor qu'ils en ayent esté pleinement aduertis. Que si quelqu'vn a esté chastié, ce n'a esté que pour quelque crime de rebellion contre l'Estat. L'Euesque luy-mesme le tesmoigne en plusieurs endroits. Et puis, on n'a iamais retracté ny cassé ce qu'ils ont fait, specialement les partages des Commandes, qui ont diuisé les païs à des particuliers pour en faire des rentes au Roy: surquoy cét Euesque crie jusques au Ciel. Finalement, parce que les Seigneuries directes & immediates de tous ces païs-là, ont esté toutes en general & en particulier incorporées auec la Souueraineté. De sorte qu'on a osté tout pouuoir d'eslire des Rois à ceux qui en auoient le droit & la possession. On a osté les Estats à ceux ausquels ils appartenoiēt par le droit d'heritage & de succession. Quelques-vns mesmes de ceux-cy, Princes legitimes dans leurs Estats, qui miraculeusement auoient eschappé des mains de ceux qui ont destruit les Indes, ont esté conduits en Espagne, à fin d'empescher que par la faueur de ceux de leurs sujets qui restoient en vie, ils ne peussent recouurer ce qui leur auoit esté osté injustement. Encor' aujourd'huy, il y en a dans vostre Cour qui sont des descendans & de la lignée de ce grand Motezuma, Empereur de Mexico, ausquels on fait deffence sur peine de la vie de ne sortir iamais de l'Espagne. De tout cela vostre sacrée Majesté peut bien comprēdre que l'excuse est bien foible; & pourtāt que c'est vn grand compte qu'il faudra rendre à Dieu de toutes les Principautez & Seigneuries immediates des Indes, qui ont esté vsurpées soubs pretexte de publier la Religion Chrestienne.

On ne peut pas aussi oublier le zele ardent du feu Roy Philippes II. pere de vostre Majesté, lors que sollicité par sa Saincteté il print les armes contre le Roy de France Henry IIII. Il s'agissoit de la cause de Dieu contre vn heretique public, ennemy de Iesus-Christ. Il estoit bien raison que le Roy Catholique, Protecteur de l'Eglise, abandonnast ses propres affaires en Flandre pour deffendre celles de nostre Seigneur Iesus-Christ. Ceste action genereuse, qui est le fruict d'vne parfaite vertu, qu'on trouue rarement entre les hommes du monde, jetta l'estonnement & la deffiance dans l'esprit de plusieurs; & porta beaucoup d'autres à des soupçons malicieux. L'histoire des Papes Espagnolle; *Quelques-uns qui iugeoient de la uertu des autres par leur propre malice, ne vouloient pas croire que le zele du Roy Catholique fust si grand, qu'il voulust remedier aux affaires d'autruy aux despens des siennes.*

Bauia. Pontif. p. 3.

Voila l'estonnement & la deffiance.

Quelques-uns aussi qui ne cognoissoient pas le zele au bien de la Religion du grand Roy Philippes II. bastissoient sur cela vn grand dessein, disans; Qu'il vouloit se faire Roy de France; Ou bien mettre en France vn Roy de sa main, pour asseurer ses Estats qui sont voisins de la France, & prendre ses auantages selon qu'ils se presenteroient.

Voila la malice, & certes bien grande, contre l'innocence de ce grand Monarque, lequel faisoit voir clairement qu'il n'auoit point d'autre interest ny aucun autre desir, si ce n'est que la Religion Catholique ne fust point ruinée en France, comme elle en estoit grandement menacée.

Mais

Mais qu'y a-t'il au monde, que le mauuais esprit ne ſçache faire ? Certes, les saincts, dans les deserts, ont bien de la peine à se mettre en seureté contre ses ruses, qui sont bien plus puissantes dans les Cours des grands Princes. A peine le Roy Henry le grand commençoit d'estre inspiré par le Sainct Esprit, & de desirer sa reconciliation auec l'Eglise Catholique pour deuenir Roy tres-Chrestien, comme il a esté depuis à la veuë de tout le monde, que le Roy Catholique, au mesme temps, commença de se resoudre absoluëment de ne consentir jamais que Henry IV. fust Roy de France. Et neantmoins c'estoit à luy que veritablement appartenoit l'Estat ; & jamais aucun ne le luy auoit debatu qu'à cause de l'heresie: si bien que cét obstacle leué, il estoit tres-injuste de luy vouloir opposer aucune sorte d'empeschemẽt. Il y auoit neantmoins quelques-vns, és conseils desquels on voyoit plustost reuiure Machiauel luy-mesmes que sa doctrine, vrais Machiauels plustost que Machiauelistes, qui disoient à l'oreille au Roy Catholique ; Que si Henry IV. estoit Roy de France, la Nauarre & la Comté de Bourgogne, qui ſont de la Couronne de France, eſtoient en danger de ſe perdre: & que ce ſeroit en vain que ſa Majeſté Catholique auroit employé tant d'or, & la vie d'vn ſi grand nombre d'hommes, pour continuer la guerre.

Pourtant eſt-il dit en l'hiſtoire des Papes, faite par les Eſpagnols.

Vita Clemet. VIII.

Le ſoir auparauant que le Pape Clement VIII. donnaſt l'abſolution à Henry IV. le Duc de Seſſa, Ambaſſadeur du Roy Catholique, proteſta au Pape, qu'il requeroit de ſa part, que l'abſolution que ſa Sainɛteté vouloit donner à Henry ſe fit ſans aucun prejudice des droiɛts du Roy Catholique ſur la Nauarre, & ſur la Comté de Bourgogne, & ſans prejudice, & à la reſerue des fraiz & deſpens qu'il auoit faiɛts à l'inſtance de ſa Sainɛteté, pour la conſeruation de la foy Catholique au Royaume de France. Proteſta en outre, qu'il n'eſtoit point reſolu de quitter les armes, qu'il n'en fuſt rembourſé. Le Pape ouyt attentiuement ſa proteſtation, & le Duc de Seſſa en print aɛte public par mains de Notaires. Il donna auſſi aduis au Pape de quelques inconueniens qu'il preuoyoit deuoir arriuer, ſi tant estoit que sa Sainctetè donnast l'absolution à Henry.

Il sembla d'abord à tous ceux qui sans passion jugeoient comme il faut des affaires: que ces protestations estoient des pretextes sans fondement, & les inconueniẽs representez furent prins pour de tres-mauuais fondemens de ce grand dessein, que les malicieux, desquels nous auons déja fait mention, s'estoient figurez dans les actions du Roy Philippes. Ils disoient puis que le Roy Catholique protestoit, d'auoir tant d'affection au bien de la Chrestienté, qu'il estoit tres à propos que mettant à part tous les interests du monde, il s'aidast de toutes les forces de son esprit pour auancer la conuersion du Roy Henry IV. Qu'il exhortast sa Sainctetè à receuoir auec toute sorte d'amour & de bienveuillance l'enfant prodigue, puis qu'auec repentance il reuenoit dans la maison de son Pere; Qu'il la priast auec instance, de porter sur ses espaules dans la bergerie de nostre Seigneur la brebis égarée, puis que Dieu la luy faisoit retrouuer. Au mesme temps, on ne pouuoit pas s'empescher qu'on ne blasmast, comme vne chose indigne d'vn bon Catholique, & mesmes comme vne mal-heureuse impression du malin, d'essayer de donner empeschemẽt à l'absolution du Roy. C'estoit elle seule qui deuoit estre recherchée pour le repos de la France, & pour le bien general de la Chrestienté. Si Dieu, par sa grace, ne l'eust pas donnée aux vœux des bons Catholiques, il pouuoit arriuer que ce grand & florissant Royaume se fust retiré de la communion de l'Eglise, comme a fait celuy d'Angleterre. Chacun voyoit bien, qu'il n'estoit pas à propos aux Espagnols de craindre aucun prejudice pour la Nauarre & pour le Comté de Bourgongne, puis que l'absolution du Roy Henty IV. ne luy donnoit pas plus de droict sur ces Estats là, qu'en eussent peu auoir les autres Princes qui eussent peu estre admis à la succession de la Couronne de France.

Mais sur tout les pretentions des frais de la guerre, dont on auoit fait protestation au Pape, estoient tres-scandaleuses. Chacun disoit ouuertement; Si c'est pour l'amour de nostre Seigneur seulement que le Roy Catholique a fait des dépenses de la guerre, pourquoy n'est-il pas content d'estre creancier de nostre Seigneur, ou de l'auoir luy seul pour obligé, & principal payeur? Mais, disoit-on, comment se pourroit-il que nostre Seigneur luy deust quelque chose? puis qu'ainsi est que le Roy d'Espagne tous les ans jouït du bien l'Eglise, qui est le patrimoine de nostre Seigneur Iesus-Christ, jusques à la somme de plus de trois millions d'or, que les Papes lui ont accordée sur les decimes, subsides, croisades & autres choses semblables, à la charge de les employer contre les ennemis de la Chrestienté. Pourquoy est-ce que ce grand Roy Catholique ne prend la plume à la main, & ne fait vn compte de la recepte & de la dépense, puis que par ce moyen mettant en ligne de compte ce qu'il a receu du bien de nostre Seigneur, auec ce qu'il a employé pour luy, il trouuera que Dieu ne luy doit pas de reste pour vn marauedis, & qu'au contraire il est debiteur & reliquataire à nostre Seigneur, pour les biens d'Eglise qu'il s'est apropriés, de plusieurs millions, qu'il n'a pas dépendus, comme il y estoit obligé, pour le bien de la Chrestiẽté, mais pour l'interest particulier de ses Estats?

Que pretend-il donc ? Pourquoy ne met-il pas les armes bas ? A quoy pense-t'il? Quel est son but ? S'il poursuit ceste guerre, qui est vne guerre tout ouuertement injuste, comment s'accordera cela auec le zele de la Religion, pour laquelle seule au commencement il a pris le dessein de faire la guerre ? Quelle est ceste mutation? Certes ce n'est point celle de laquelle il est escrit ; *Que c'est le changement qu'a fait la main du Dieu tout-puissant.* Mais bien, disoit-on, qu'il face la guerre tant qu'il voudra, Henry IV. absoluëment fera sa paix auec l'Eglise, & sera Roy de France. Peut estre que le Roy Catholique s'imagine de le pouuoir de viue force dépoüiller de ses Estats par le moyen de ses armes seulement ? Que s'il n'a peu estant ligué auec tant d'autres Princes, & estant assisté de leurs forces, empescher que Hẽry IV. n'ait conquis le Royaume, comment pourra-t'il luy seul l'en chasser, à present qu'il est affermy sur le throsne de ses ancestres ? Certes il a entreprins vne chose tres-perilleuse. Ceux qui auec bonnes & solides roisons prinses de la politique iugeoient de l'aduenir, disoient qu'en cas que le Roy Catholique ne trouuast pas son compte en ceste guerre, il se jettoit sur les bras, à credit & pour plaisir, vn puissant & perpetuel ennemy, qui le pouuoit faire vn iour trembler jusques dans le cœur de l'Espagne. Et on voyoit tous les iours ceste prediction estre verifiée comme tout le monde le sçait, sans ceste mort violente, sans cét assassinat execrable, qui se proposoit pour en empescher l'accomplissement. Mais pourtant ceste mort qu'on preuoyoit, comme estant bien possible qu'elle arriueroit, n'estoit pas iugée suffisante pour tirer l'Espagnol du peril. Le Roy, qui deuoit estre son fils, & son successeur dans l'Estat, deuoit infailliblement se sentir outré du tort fait à son pere, & en embrasser tout à fait le ressentiment. On iugeoit tres-bien, qu'estant venu en aage, & ayant vne vraye connoissance de ses affaires, il considereroit que le Roy Catholique a fait tout ce qu'il a peu pour l'empescher d'estre Roy de France, puis qu'il a tant trauaillé à oster la Couronne de dessus la teste du Roy son pere: & de plus, que si le Roy son pere malgré les forces de l'Espagne, a pris la

Royauté, & ſe l'eſt conſeruée, luy-meſme encor jouit de l'Eſtat qu'il a par la ſucceſſion du Roy ſon pere en dépit de l'Eſpagne. Toutes ces raiſons, qui eſtoient certes tres-grandes, eſtoiẽt plus cogneuës qu'à tout autre au Roy Philippes le ſage, qui par l'opinion commune de tous les hommes eſtoit le Salomon de ſon ſiecle. C'eſt ce qui feit qu'au lieu que pour ces raiſons on croyoit qu'il deuoit ceſſer de faire la guerre au Roy de France; il jugea luy au contraire que pour les meſmes raiſons il luy eſtoit neceſſaire de la continuer. Il ſçauoit qu'il auoit tellement offencé le Roy Henry IV. qu'il ne pouuoit ſ'aſſeurer contre ſon juſte reſſentiment, autrement qu'en l'empeſchant d'eſtre jamais Roy de France. Puis donc que le ſujet de la Religion eſtoit oſté, & n'auoit plus de lieu, il eſtoit beſoin d'auoir vn autre pretexte, pour empeſcher à Rome l'abſolution, & en France le ſacre du Roy. Déja les raiſons & les intereſts d'Eſtat luy auoient mis dans la teſte ce grand deſſein dont cy deſſus les malicieux auoient parlé. Voila pourquoy il voulut eſſayer de faire en France vn Roy à ſa mode, comme il l'auoit déja fait proposer par ses Ambassadeurs en France dans les Estats.

Le Roy d'Espagne fust long temps à desabuser la passion qu'il auoit d'estre Roy de France. Pourtant, encor qu'auec quelque retenuë, les siens ne laissoient pas de mettre en auant d'autres pretendans qui luy appartenoient. Le Duc de Feria proposoit la Serenissime Infante d'Espagne Donn' Isabelle. Il disoit que le Royaume luy appartenoit, parce que les masles de la race de Capet venans à manquer, comme ils faisoient, elle auoit le plus de droict à la Couronne, comme estant fille de la sœur aisnée de Henry III. dernier Roy de France. Il disoit aussi, que le Roy Catholique son Pere la marieroit auec vn Prince François, à la charge qu'il en auroit le choix, & la nomination en sa puissance. *Vita Clemen. VII.*

Et de plus.

Non seulement on proposoit aux Estats l'Infante d'Espagne, pour la faire Royne de France, mais encores l'Archiduc Ernest d'Austriche, frere de l'Empereur.

A telles ouuertures les François furent bien estonnez, & se tirerent du peril ou les auoit jettez le Roy d'Espagne, cependant qu'il faisoit semblant de deffendre la Religion Catholique dans la France.

Pour telles & semblables occasions, joint ce qu'on auoit sçeu de plusieurs pratiques, traittez, & menées, on resolut en Parlement, Que le Duc de Mayenne comme Lieutenāt general de l'Estat, empescheroit toutes les negotiations & intelligences qu'on auoit descouuertes; & qu'absolument on empescheroit l'élection d'aucune Princesse, ou Prince estranger: cassant pour cét effet tous les traittez qui pourroient auoir esté faicts. En outre, qu'on suiuroit les Loix fondamentales du Royaume, pour auoit vn Roy tres-Chrestien, & François.

Maintenant il est aisé à vostre Majesté de veoir par les choses qui ont esté deduites cy dessus, à quel point estoit reduit le zele tres-sainct du Roy Philippes vostre pere, & comme ces beaux commencemés de Religion estoient tombez dans vne fin injuste des raisons & interests d'Estat. C'est pourquoy la guerre continua entre les deux Couronnes apres l'absolution du Roy Henry IV. iusqu'à ce que le Pape Clement VIII. d'heureuse memoire, eut fait la paix.

Ie pourrois sur ce subjet alleguer à voſtre Majeſté beaucoup d'autres exemples: mais j'eſpere que ces trois ſont ſi notables, qu'ils ſont pour monſtrer plus que ſuffiſamment ce que i'ay déja dit.

Quelqu'vn, peut eſtre, me blaſmera de les auoir tous prins des Roys d'Eſpagne, puis que ſans doute i'en pouuois auoir beaucoup des Princes des autres nations: & m'accuſera d'eſtre homme de peu de iugement, & de peu de reſpect, puis que m'adreſſant à voſtre Majeſté, i'au eu la hardieſſe de parler des actions du Roy voſtre pere, Prince qui ne peut iamais eſtre aſſez dignement loüé. Mais ie voudrois que ces gens-là ſe ſouuinſſent que les exemples domeſtiques nous émeuuēt beaucoup plus que les eſtrangers. Auſſi, comme les eſprits les plus nobles font tout ce qui leur eſt poſſible pour imiter les bonnes actions de leurs peres, ils s'efforcent ſans doute de tout leur pouuoir de fuir les actions qui ont eſté blaſmées en leurs anceſtres. Quand ils voyent que leurs deuanciers, bien que tres-grands Princes, & d'vne vertu tres-éminente, ſe ſont écartez à faire quelque faute, ils apprennent à ne preſumer pas d'eux-meſmes, & à ne tomber point où les autres sont trébuchez. Ils considerent qu'estans leurs enfans, ils ne sont pas meilleurs, ainçois qu'ils sont pires que leurs peres, puis que à descendre par succession on perd naturellement, comme par la vertu en montant on peut s'auancer. Si donc il n'y a que la nature, les enfans sont pires que les peres, & n'y a que la seule vertu qui puisse les esleuer pour les rẽdre meilleurs. Parlant donç à vn Roy Catholique d'Espagne, pour l'aduertir d'vn mauuais pas où l'on le porte auec tant d'artifice qu'il y pourroit facilement trébucher, que sçaurois-je faire de mieux à propos, que de luy monstrer comment ses predecesseurs, qui estoient Princes tres-prudens & tres-Catholiques, sont trébuchez en mesmes precipices.

Il est necessaire (disoit le Roy de France Henry le Grand) *de monstrer les fautes des Princes, afin que ceux qui viennent apres eux ne suiuent pas le chemin dans lequel les autres se sont perdus.*

I'ay donc voulu prendre ces exemples des Roys d'Espagne comme plus agreables, & ne me sers que d'escriuains Espagnols, pour n'estre point blasmé de fausseté ou de médisance, & a fin qu'ils trouuent plus de credit, & qu'ils ayent plus d'efficace aupres de vostre Majesté.

C'est à elle maintenant de cõsiderer ce qu'a fait le Gouuerneur de Milã dãs la Valteline contre les Grisons, sous vn mesme pretexte, & tendãt ouuertemẽt à vne mesme fin. Il a neãtmoins pallié & déguisé la verité au Manifeste qui est le sujet de ce discours, publié au nom des Valtelins, mais veritablement fait & dressé par les Ministres de vostre Majesté ; dequoy si elle n'est bien informée, elle sera indubitablement portée par eux à faire des choses, lesquelles jointes aux trois actions de vos ancestres rapportées cy dessus, seruiront d'exemples à la posterité d'vne entreprinse injuste & impie, sous le pretexte de la religion & de la pieté.

Venant de plus prés au sujet, il y a trois raisons pour lesquelles on a publié ce Manifeste.

La premiere, pour faire entendre à vostre Majesté & à tout le monde, que les Valtelins tyrannisez par les Grisons, de leur libre & franche volonté, sans à ce faire eſtre induits ny ſubornez par perſonne, ſe ſont rebellez.

La ſeconde; Que vos Miniſtres ont entreprins la protection de ces pauures miſerables mal-traittez,& qu'il eſt bien ſeant à voſtre Majeſté, & à la bonté d'vn Roy Catholique, de n'abandonner point ceux qui ont recours à elle pour y trouuer protection. Ainſi parloit anciennement Pierre d'Arragon; *Non potuiſſe ſe aiebat, Siculis indigna ferentibus, opemque ſuam ſuppliciter implorantibus, non auxilio adeſſe. Qu'il ne pouuoit pas refuſer ſon ſecours aux Siciliens qui eſtoient mal-traittez, & qui demandoient auec ſupplication d'eſtre aidez par luy.* Et toutesfois c'eſtoit luy ſeul qui les auoit portez à ſe rebeller contre leur Roy naturel.

La troiſieſme; Pour rendre aux Griſons leurs Seigneurs, les pauures Valtelins odieux par le moyen d'vn eſcrit ſi infame, qu'ils ne puiſſent iamais eſperer d'obtenir pardon: & pour les obſtiner tellement dãs leur rebellion, qu'ils vueillent en toutes façons deuenir ſubjets de voſtre Majeſté de peur de retomber és mains des Griſons leurs Seigneurs.

La premiere eſt clairement exprimée dans le Manifeſte, qui eſt preſque tout employé à iuſtifier la rebellion des Valtelins. Les autres deux, qui ſont tirées des deſſeins cachez de vos Miniſtres, pourroient ſembler des imaginations prinſes par caprice, ſi les preuues n'en eſtoient pleinement & ſuffiſamment puiſées dans l'affaire meſme. Si les argumens des effets à la cauſe peuuent eſtre formez auec ſeurté, on peut faire des concluſions non imaginaires, mais tres-veritables. Icy donc ie reclame & implore tant que ie puis l'attention de voſtre Majeſté, parce que ſi ie luy fais voir que les raiſons du Manifeſte ſont mal fondées & fauſſes, & ſi ie luy découure au vray l'affaire comme elle s'eſt paſſée, elle verra par meſme moyen que les cauſes du Manifeſte ne peuuent eſtre autres que celles que i'ay dit.

Les raiſons pour excuſer la rebellion des Valtelins ſe reduiſent à deux chefs, la Religion & la Tyrannie.

Sur cela on fait des grandes amplifications, mais toutes ſans aucune preuue, & partāt auec vn ſigne euident qu'elles ſont mal fondées.

Quand au fait de la Religion, on dit: *Que les Grisons ostoient en effet aux Valtelins la liberté de conscience, & faisoient ce qu'ils pouuoient pour infecter tout le paës d'heresie, faisans tout en faueur des heretiques, & au prejudice des Catholiques, quelques vns desquels ils ont fait mourir cruellement & auec infamie, pour la seule haine de la Religion.* Ie ne rapporte pas en detail toutes choses, il suffit de prendre les principales, & celles ausquelles toutes les autres peuuent estre reduites.

Quant à la Tyrannie, on represente vn gouuernement des Grisons en la Valteline semblable à celuy de Verres anciennement en la Sicile, & pour se seruir des cōparaisons du temps present, semblable au gouuernement de plusieurs Ministres de vostre Majesté, & de vos deuanciers, és Estats qu'ils vous ont laissé en Italie. Vostre Majesté le pourra pleinement entendre de ce discours, & peut-estre au bien & notable profit de ses pauures subjets, qui attendent de ses Royalles mains quelque soulagement.

Mais auant que traitter ces deux points en particulier, il faut sçauoir que les Grisons

sons sont voirement diuisez de religion: & Dieu vueille par sa grace qu'ils se reünissent tous à la Cõmunion Catholique. Et toutesfois absolument en tout ce qui regarde le public de leur Estat, ils ont esté fort bien vnis au gouuernemẽt politique. Auec ceste vnion ils se sont long temps conseruez comme Princes souuerains, libres, ne recognoissans personne, & se sont fait estimer grandement d'vn chacun. Plusieurs grands Princes ont recherché leur amitié & leur alliance auec grãd soin, & auec beaucoup de despences. Depuis quelques années en ça quelques-vns des Ministres de vostre Majesté ont trouué mauuais de les voir alliez de la France & de Venise. Vn zele desreglé de vous seruir, leur a fait iuger que telle alliance vous pourroit causer du dõmage, & qu'il estoit important à vostre Couronne qu'elle seule eust le passage du destroit de la Valteline pour aller en Allemagne, à l'exclusion de tous les autres Princes, ausquels elle le pourroit oster quand elle voudroit. C'est ce qui les a fait rechercher mille pratiques & inuentions frauduleuses pour diuiser les Grisons au gouuernement politique.

comme ils l'estoient déja en la religion, afin de les ruiner par la discorde. A cest effet, cy deuant le Comte de Fuentes, gouuerneur de Milan , fit bastir le fort qui porte aujourd'huy son nom, auec vn préjudice de l'Estat des Grisons, plus grand qu'on ne sçauroit dire. Il fit auparauãt corrompre par argẽt quelques principaux du pais, afin de destourner par leurs artifices la vigueur des Seigneurs qui vouloient s'y opposer. Aussi en vint-il à bout par le moyen de Iean Baptiste Preuost, Pompée & Rodolphe Planta, Nicolas Rusca Archiprestre de Sondrio , & autres qu'il seroit superflu de nommer , puis qu'on les peut lire vn à vn dans le Manifeste des Grisons de l'année 1618.

En l'année 1617. Dom Pietro de Toledo, gouuerneur de Milã, rechercha auec grande instance vne ligue & alliance perpetuelle auec les Grisons, auec des clauses & capitulations qu'Alfonse Casal vostre Ambassadeur aux Grisons auoit dressées à sa mode.

En tout cela il n'y auoit au profit des Grisons qu'vne promesse feinte & pleine de tromperie, de démolir le fort de Fuentes, moyennant quoy il sembloit qu'ils deuoient ployer à toutes les autres conditions de l'alliance, quoy qu'elles fussent preiudiciables à leur liberté. Les mesmes qui auoient par trahison fauorisé parmy les Grisons le bastiment du fort de Fuentes, ne manquerent pas de solliciter ouuertement ceste alliance auec les Espagnols, persuadans plusieurs, qu'il falloit l'accepter à quelque prix que ce fust. Les Grisons en fin descouurirent la lascheté de ces mauuais Citoyens, ennemis du bien de leur païs, & ne voulurent point accepter les conditions portées par le traitté de Dom Pietro de Toledo. Et de plus, ils se mirent à faire le procez par les voyes ordinaires de justice à ces rebelles, par l'instruction duquel ils trouuerent tant de pratiques & trahisons, tant de meschancetez par eux commises; qu'en fin par Arrest final ils furent chastiez, les vns par bãnissement, les autres par mort. Depuis ce temps-là, ceux qui furent bannis estans assistez des deniers que les Ministres de V.M. leur ont dõnés, n'õt cessé d'ẽtretenir les pratiques de leurs amis & adherans; en ont gaigné plusieurs autres, ont trauaillé à diuiser ces peuples, pour faire naistre quelque sousleuement parmy eux, comme il est finalement arriué à la Valteline. Le Manifeste des Grisons de l'année 1618. fait clairement foy de ces choses, & n'en peuuent vos Ministres oster la creance, puis que ce sont des faits qui sont iuridiquement prouuez; qui ont esté traitez sans passion, & sans aucune acception des personnes, comme on le verra clairement en le lisant sans passion.

L'intention, doncques de vos Ministres, à qui regardera bien de prés, ne fust pas d'establir vne alliance auec les Grisons. Car si cela eust esté, ils l'auroient recherchee par les voyes licites, & auec des conditions raisonnables, comme l'ont fait les autres Princes. Ils ne se seroient pas seruis de quelques particuliers, qu'ils auoient corrompus par argent, & n'auroient pas demandé des conditions si extrauagantes que celles qui se voyent auoir esté par eux proposées. Leur dessein fust donques de la dresser de telle sorte, qu'elle ne peust pas estre acceptée par les Grisons. Ce qui en deuoit arriuer, c'estoit que ces conditions estans soustenuës par la faction des hommes gagnez & pratiquez par argent, & d'autre part rejettées par la plus saine, & meilleure partie de ceux qui n'auoient autre interest que celuy du bien public ; il s'ensuiuroit la discorde, semée à dessein de jetter ces peuples en cõfusion. C'estoit, selon le tesmoignage de l'Euangile, les jetter par le moyen de la diuision, dans la desolation de leur Estat. Vos Ministres fauorisans vn party contre l'autre, esperoient de les opprimer tous deux, & de bien meriter de vostre Majesté en accroissant son Estat, à quelque prix, & par quel moyen que ce fust.

Cét artifice, Sacrée Majesté Catholique, de desunir & diuiser en factions les subjets des autres Princes pour les ruiner, est en particulier propre & affectée aux Ministres de vostre Estat. Si on vouloit rechercher combien de fois, & en combien de façons ils ont diuisé le Royaume de France, on en pourroit faire vne grande histoire. Les François le cognoissent bien, & ceux d'entr'eux qui entendent le plus les affaires d'Estat, tiennent pour constant que si en France tous les

Huguenots s'estoient reduits à la Religion Catholique, les Ministres d'Espagne ne *sentirebbono grandissimo dispiacere*, en seroient grandement affligez. C'est de ceux-là qu'ils se seruent principalement, comme de leurs bons amis, pour mettre sans dessus dessous l'Estat, craignans que le Roy de France ne se serue de ses forces au dommage des Espagnols. Ils se glorifient aussi de ne craindre pas les armes de sa Majesté tres-Chrestienne, nõ pas qu'elles ne puissent beaucoup, mais parce qu'ils sçauent bien le moyen de les tenir autant qu'ils veulent occupées dans le milieu de l'Estat. Que si cela estoit bien pesé, il s'en pourroit ensuiure vn effet tout contraire. Car si le Roy tres-Chrestien se peut resoudre vn iour de porter la guerre au dehors, il sera tres-asseuré d'auoir la paix au dedans de l'Estat. Il n'est pas de merueille, si les François, qui sont courageux & belliqueux, nés & enclins aux armes & à la guerre, ne pouuans pas supporter la longueur & l'oisiueté, se sont portez à faire bruit chez eux, cependant qu'on ne les employe point ailleurs. Que s'il arriue qu'on les employe, ils courront bien visteaux combats, & à la gloire, de laquelle ils sont merueilleusement passionnez. Ils voudront, comme gens tres-aduisez, que leur païs jouïsse de la paix, pour porter la guerre ailleurs, & ne souffriront pas volontiers les menées & les traistresses pratiques de ceux qui desirent leur malheur.

Que cela soit dit en passant, sur le sujet de la ruse toute semblable dont on a vsé parmy les Grisons. Dés qu'elle commença de produire son effet, & que leur diuision parut dans la Valteline, le gouuerneur de Milan se mit aux champs, non pour fauoriser, mais pour opprimer ceux qu'il auoit jettez dans la rebellion. Pour faire croire autremẽt, & cacher ce dessein, il eut tousiours deuant les yeux la maxime de Machiauel; *Que l'apparence de la Religion sert grandement aux affaires des Rois.* C'est pourquoy il a voulu qu'on creust qu'il auoit esté esmeu de compassion à proteger les Valtelins, opprimez, comme disent les Espagnols, en la Religion & au gouuernement Politique. C'est donc de ces deux choses qu'il faut traicter distinctement à present.

Les Grisons pretendent, que puis que Dieu en creant l'homme luy a laissé son franc arbitre, les consciences doiuent estre libres, les hommes ne pouuans pas oster ce que Dieu a naturellement donné à tous les hommes. Ils estiment miserable la condition de ceux-là qui sont contrains par force, de confesser qu'ils croyent ce que veritablement ils ne croyent pas en leur conscience. C'est pourquoy ils veulent auoir la liberté de la Religion sans estre forcez. (C'est leur argument, qui peut auoir lieu és infidelles, mais qui n'en a point entre ceux-là qui se sont obligez à la Religion Chrestienne par le sainct Sacremẽt du Baptesme.) Tant y a qu'ils sont diuisez en Catholiques & Protestãs. Chacun suit le mouuement de sa conscience. Chacun pẽse bien faire, & croit de pecher mortellement s'il contreuient à la Religion dans laquelle il est né, & en laquelle il a esté nourry. Entr'eux on ne violente, & on ne contraint personne. Au gouuernement politique, tant les vns que les autres y sont admis sans aucune distinction de Religion.

Les Ministres de vostre Majesté disent

maintenant, comme on le voit dans leur Manifeste, que les Catholiques n'ont plus la liberté de ſuiure la vraye foy, parce que la faction contraire les opprime tyranniquement. Ils produiſent meſmes quelques actions violentes, leſquelles, ſi tant eſt qu'elles ſoient aduenuës, n'ont eſté que vengeances de quelque tort receu par les Proteſtans : mais il eſt bien certain, que la pluſpart de ce qu'ils diſent eſt faux & controuué. Et l'euenement à monſtré iuſques à preſent qu'il eſt tres-faux qu'en ce païs là les Proteſtans ayent voulu opprimer les Catholiques. Sur quoy d'abondant nous dirons quelques raiſons, pour en rechercher la verité. Ces deux partis, des Catholiques & Proteſtans, ou ils ſont égaux, ou l'vn eſt au deſſus de l'autre. S'ils ſont égaux, & chacun tient ferme pour ſon party (comme on ſçait bien qu'en leurs Dietes & aſſemblées interuiennent également les Miniſtres de l'vn & de l'autre) il faut neceſſairement aduoüer, que lors qu'ils traictent des affaires qui peuuent prejudicier à l'vn ou à l'autre, ils ne s'accordét iamais. Que s'ils s'accordent (comme on le voit par la Diete de Toſana de l'année 1618. en laquelle furent chastiez les traistres, autant Protestans que Catholiques sans aucune exception) il faut donc conclurre, qu'il n'est pas vray que l'vn party trauaille à la ruine de l'autre; & partant il est faux que les Protestans oppriment les Catholiques. Que si quelqu'vn osoit dire que l'vn des deux partis est au dessus de l'autre & qu'il le persecute, comment se peut-il faire depuis tant d'années, qu'ils sont separez de Religion, que l'vn des partis n'ait gaigné absoluëment le commandement souuerain. Si les Catholiques ont le dessus, comment peuuent-ils consentir en leurs Dietes que les Ecclesiastiques soient chastiez, &, comme disent vos seruiteurs, auec mépris & en haine de la Religion? Si les Protestans sont les maistres, comment se peut-il faire, que punissans de mort l'Archiprestre de Sondrio, & bannissans l'Euesque de Coyre, parce qu'ils estoient Catholiques; (comme disent vos gens) les Grisons ont neantmoins fait qu'on a aprés cela esleu vn autre Euesque & vn autre Archiprestre Catholique? Et pourquoy ont-ils condamné seulement ces deux-là, & non pas tant d'autres bons Religieux qui ſont dans cét Eſtat-là à centaines ? Il eſt donc bien vray que les Proteſtans n'ont pas perſecuté les Catholiques. Ces Eccleſiaſtiques donc qui ont eſté punis, ont eſté punis par le commun conſentement des Catholiques & des Proteſtans, à cauſe des crimes qu'ils auoient commis contre l'Eſtat, comme il ſe voit par le Manifeſte de l'année 1618. Et que cela ne ſoit pas venu en haine de la Religion Catholique, il ſe monſtre plus clairement, parce qu'en ce chaſtiment public des traiſtres dont on ſe plaint, il y a eu beaucoup plus de Huguenots punis & chaſtiez que de Catholiques. Il faut donc aduoüer, que les Proteſtans ont auec integrité & ſans paſſion eu deſir de faire juſtice, puis qu'ils n'ont pas eſpargné ceux qui eſtoient de leur Religion. Et Rodolphe Planta, qui fuſt alors banny, eſt cogneu de tout le païs, non pas pour heretique ſimplement, mais pour le chef principal de tous les heretiques.

Il y a deux choſes qui ont grandement eſtonné & ſcandaliſé le monde en cette affaire. La premiere, de voir que les Miniſtres de voſtre Majeſté en leur Manifeste pour les Valtelins, ayent osé appeller vray Martyr de Iesus-Christ l'Archiprestre de Sondrio, homme sanguinaire, & traistre à son Prince. Cela fait iuger qu'ils le font digne d'estre canonizé, seulement par ce qu'il a esté leur partisan. L'autre sujet d'estonnement est, qu'ils ont tousiours eu vne tres-estroite intelligence auec Rodolphe Planta, & autres principaux heretiques du païs; Qu'ils les ont fauorisez, les ont stipendiez, & durant & aprés leur bannissement, & s'en sont seruis, comme ils s'en seruent bien encores tous les iours à faire beaucoup de choses honteuses; Qu'ils n'en font aucun scrupule de conscience, encor que publiquement ils se disent protecteurs de la Religion, & ennemis perpetuels de tous les heretiques. Si cét estonnement & ce scandale sont justes, ie m'en remets au iugement tres-equitable de vostre Majesté.

I'attens que quelqu'vn conuaincu par la force de ces raisons me die; Qu'encor que les Protestans n'essayent pas d'opprimer les Catholiques, & qu'ils les laissent viure en liberté, il faut neantmoins absolument extirper ceste maudite race d'heretiques, ennemis de l'Eglise. I'entre auec regret en ceste matiere : mais puis que le sujet m'y appelle j'en diray quelque chose. Ie croy, & pense de n'estre pas trompé, que c'est l'authorité de l'Eglise, qui est necessaire à chastier les heretiques. Comment donc vos Ministres se veulent-ils meller de ce qui ne leur appartient pas ? Et qui est-ce qui ne dira pas auec raison, que l'auidité qu'ils ont d'engloutir les Estats d'autruy, les enhardit d'entreprendre sur la jurisdiction du sainct Pere ? O Dieu! s'ils en vsoient bien pour le moins ! La saincte Eglise prie continuellement Dieu pour l'extirpation des heresies, mais non pas des heretiques : mais vos Ministres d'Estat, auec vn excez de leur sainct zele, veulent premierement vsurper & s'approprier les Estats des Princes heretiques, détruire & mettre à mort leurs personnes, pour tuer puis aprés les heresies.

Quid sæuiunt, vt stultitiam suam, dùm minuere volunt, augeant? longè diuersa sunt carnificina & pietas: nec potest aut veritas cum vi, aut iustitia cum crudelitate coniungi. Pourquoy sont-ils cruels, pour accroistre leur folie, quand ils pensent de l'amoindrir? *Lactantiu Diu. instit l. 5. c. 20.*

La pieeé & la cruauté sont choses bien differentes ; la verité & la force, la justice & la cruauté ne peuuent jamais estre ensemble.

Icy il me vient vne pensée qui me met en grand estonnement. Les Protestans parmy les Grisons, comme dient les Ministres de vostre Majesté, & ie le veux croire, sont plus forts que les Catholiques. Les Protestans sont, comme nous disons, impies, scelerats, & nos ennemis capitaux. Ils veulent nostre mal & nostre ruine. Ils eussent peu sans aucune difficulté, auec leurs forces & auec l'aide de ceux de Zurich & de Berne, qui sont leurs grands amis, par alliance tres-estroitte, & par la conformité de leur religion ; Ils eussent, dis-je, peu détruire tout à fait en leur païs le party des Catholiques, & se saisir eux seuls du Gouuernement de l'Estat. Et toutesfois ces scelerats, ces impies, ces ennemis de la foy ont esté si humains qu'ils ne l'ont pas voulu faire, & se sont contentez de laisser viure les Catholiques en liberté & en repos auec eux, & les ont voulu auoir pour leurs amis, & compagnons au gouuernement Politique. Et ceux de Zurich & de Berne, qui ne sont pas meilleurs que les Grisons, ne les ont jamais inuitez ny conseillez de faire autrement. Tout au contraire, les vrais enfans de la saincte Eglise Romaine, instruits par nostre Seigneur Iesus-Christ à la douceur, à la patience, à la debonnaireté; ces hommes charitables, ces hommes craignans Dieu, ces saincts hommes, se donnent la liberté, & tiennent qu'il est loisible de se reuolter contre ceux qui ne leur font point de tort, de se rebeller contre ceux qui les admettent aux charges de l'Estat, de tascher de faire perdre l'Estat à ceux-là qui les en pouuans facilement chasser, ne l'ont jamais voulu faire. Et vos Ministres, Sire, qui croyent d'estre les meilleurs Catholiques du monde, sont ceux-là qui les poussent, qui les fomentent, qui les assistent, ainçois qui sont les principaux autheurs de ces mauuaises rebellions, & soustiennent qu'il faut defendre la Religion par guerres, par ruines, & par bruslemens.

O qu'ils sont miserables en leur bõne volonté! Ils sçauent qu'il n'y a rien au mõde de si excellent que la Religion, & qu'il la faut defendre de tout son pouuoir: mais ils s'abusẽt en la ma-

miere de la deffendre. Il la faut deffendre, non occidendo, ſed moriendo; non ſæuitia, ſed patientia, non ſcelere; ſed fide. Illa enim malorum ſunt, hæc bonorum, & neceſſe eſt bonorum in religione verſari, non malum. Nam ſi ſanguine, ſi tormentis, ſi malo, religionem defendere velis, iam non defendetur illa, ſed polluetur atque violabitur. Nihil eſt enim tam voluntarium quàm religio: in qua ſi animus ſacrificantis auerſus eſt, iam ſublata, iam nulla eſt. *Il la faut donc deffendre, non en tuant, mais en mourant; non par la cruauté, mais par le patience; non par les crimes, mais par la foy. Ces choſes-là ſont les effects des meſchans. celles-cy des gens de bien: & en la religion on ne doit pas rechercher le mal, mais le bien. Car ſi tu veux defendre la religion par le ſang, par les ſupplices, par le mal; ce ne ſera pas la defendre, mais la polluer & la violer. Car il n'y a rien de ſi volontaire que la religion, en laquelle ſi le cœur de celuy qui ſacrifie eſt contraire, & s'il le fait à regret: la religion eſt oſtée, & il n'y en a plus.*

Les Politiquent dient; *Que les Eſtats ſe maintiennent par les meſmes moyens par leſquels ils ont eſté au commencement eſtablis.*

C'eſt

C'est ce qu'il faut dire de nostre saincte religion: laquelle a esté establie, non en tuãt, mais en mourant; non en faisant endurer des rigueurs aux autres, mais en endurant; non par les crimes, mais par la foy. Nostre Seigneur Iesus-Christ l'a fondée de ceste façon: Ainsi l'ont publiée les saincts Apostres: Ainsi les saincts Peres de l'Eglise primitiue. Et depuis que l'on s'est destourné de ce chemin, la religiõ s'est diminuée, s'est restrainte, & a esté étouffée en infinis endroits. La religion est plus libre que la volonté de l'homme, parce que la volonté combien qu'on la vueille forcer, demeure tousiours volonté: mais la religion forcée & contrainte, n'est plus religion: parce qu'en la volonté on regarde l'acte, & en la religion le courage & l'affection. Et pourtant si le cœur n'y est pas, *iam sublata, iam nulla est*, il n'y a plus de religion, c'en est fait, elle est étainte.

Les Ministres donc de vostre Majesté errent grandement en leurs cruelles procedures contre les heretiques. Ils se détournent bien loing du chemin de nostre Seigneur Iesus-Christ. C'est à vostre Majesté d'empescher qu'ils ne l'enuclopent dans la mesme erreur : ce qui ne sçauroit s'éuiter si elle leur donne dequoy poursuiure leurs entreprinses cruelles & sanglantes. Que donc elle leur commande de ne fauoriser point si desreiglement, & auec vne si effrenée & immoderée precipitation la Religion Chrestienne. Chacun cognoist la fin qu'ils se proposent dás ce pretexte : nostre Seigneur Iesus-Christ la deteste, l'abomine, & l'a en horreur. Ils ont beau desguiser les affaires : tout le monde sçait assez que les pretextes specieux seruent à couurir des entreprinses diaboliques. Que vostre Majesté les croye, s'ils la conseillent d'employer ses forces contre les Mahometans, les sanglans & perpetuels ennemis du nom Chrestien ; s'ils luy disent que c'est à cela qu'elle doit despendre tant de millions d'or qu'elle reçoit tous les ans du bien de l'Eglise pour cét effect ; s'ils la pressent d'armer puissamment pour recouurer les Prouinces que les infidelles ont ostées aux pauures Chrestiens. Mais qu'est-ce que i'ay osé dire pour les recouurer ? Sacrée Majesté, ie tremble de peur, & ne l'ose dire, & toutesfois il ne doit pas estre teu,

& vostre Majesté le doit sçauoir. Ie crains que ses Ministres ne la conseillent plustost de les oster aux Chrestiens pour les donner aux Mahometans. Arzila en Afrique est la ville qui me fait ainsi parler. Elle fut ostée des mains des Portugais par le feu Roy Philippes II. & fut donnée à Mulei Amet Roy de Maroc. Ie sçay bien ce qu'ils diront : que Philippes la donna aux infidelles, par ce qu'il ne la pouuoit pas defendre. Mais si vn petit Roy de Portugal auoit bien eu dequoy la conseruer, comment se pouuoit-il faire qu'il ne se trouuast pas le mesme pouuoir au Roy Philippes, qui estoit Roy des Espagnes, des Indes, du nouueau monde, & de tant d'autres Royaumes & Prouinces ? Non non, il ne faut pas s'abuser : ce qui se passoit lors auec les Portugais, sert de pleine preuue pour la verité du fait. Philippes.II. craignoit que Mulei Amet donnast du secours à Dom Anthonio, qui pretendoit d'estre Roy de Portugal. Pour ruiner ce Roy Chrestien, les Ministres d'Estat conseillerent à Philippes de s'acquerir l'amitié d'vn Roy infidelle au prix de la ville d'Arzila ; qui estoit pleine de Chrestiens.

Qu'il plaise à vostre Majesté de voir quel traistre conseil ç'a esté que celuy là, qui a exposé le nom de ce grand Prince au blasme de plusieurs personnes. Car sur ceste occasion, plusieurs Princes disoient que Philippes auoit aprins d'estre doux & liberal, à l'endroit des Barbares & infidelles, de l'exemple domestique de ce grand Empereur Charles V. lequel dés qu'il eust prins la ville de Tunis en Barbarie, la rendit tout aussi tost à Muleassem qui en estoit le Roy. C'est ce qu'il n'eust pas faict si ceste ville eust esté à quelque Prince Chrestien. Aussi ne voulut-il iamais rendre à la Republique de Venise *Castelnuouo*, lequel il auoit osté des mains des Turcs, à l'instance & par l'aide des armes des Venitiens, nonobstant qu'il fust obligé par des conuentions expresses à leur restituer cette place. Ie le redis encores à vostre Majesté, qu'il luy plaise de se bien garder des conseils des Espagnols, lesquels lors qu'il s'agist de l'Estat, veulent que leurs Princes n'ayent point de conscience.

[B]otero De memo-[ra]b. lib. 2.

Charles le V. parlant auec Antonio de Leua des affaires d'Italie; cét Espagnol luy persuadoit de faire mourir quelques Princes, tantoſt celuy-cy, tantoſt vn autre, & de ſe ſaiſir de leurs Eſtats, pour auoir enfin toute l'Italie. E l'anima? riſpoſe l'Imperadore. Che? ſoggiunſe il Leua, Voſtra Maeſta tienne anima? Renuntij adonque l'Imperio. Et l'ame que deuiendra-elle? reſpondit l'Empereur. Leua repliqua; Voſtre Majeſté a vne ame? qu'elle renonce donc à l'Empire.

Ce fut vne impieté bien éhontée que celle de Leua. Ie ne croy pas qu'il y euſt aucun de vos Miniſtres qui l'oſaſt propoſer à voſtre Majeſté; parce que cognoiſſans combien elle eſt Catholique, ils auroient peur d'encourir ſon indignation : mais ils ne laiſſent pas d'auoir touſiours ces maximes en la teſte; de reigler par elles leurs actions; & d'acheminer par ceſte adreſſe tous leurs conſeils. Cela eſt d'autant plus perilleux, qu'ils les cachent touſiours à l'ombre de quelque apparence de ſaincteté, comme on voit en l'affaire des Griſons. C'eſt ce que voſtre Majeſté doit craindre, & dequoy elle doit trouuer bon d'eſtre bien aduertie.

Qu'il plaiſe à voſtre Majeſté de conſiderer que ce n'eſt pas aux Princes Seculiers de ſe meſler du chaſtiment des heretiques : ceſt là que vos Miniſtres jettent leur faux dans la moiſſon d'autruy. Pour tromper le monde, ils ont voulu arborer ſans l'authorité du ſainct Siege les bannieres de l'Egliſe, pour iuſtifier vne guerre, de l'injuſtice de laquelle ils ne peuuent pas douter. Sa Saincteté, ſur la jurisdiction de laquelle ils ont entreprins, s'en faſchera à la fin, cõme de beaucoup d'autres choſes où ſa patience, longuement bleſſée, ſe pourra en fin porter à de grands reſſentimens. Tous les heretiques ne doiuent pas eſtre traictez comme rebelles auec extréme rigueur : mais ceux-là ſeulement qui ayans eſté nourris & inſtruits dans le giron de l'Egliſe, viennent par malice à ſe reuolter contre elle. Les autres qui ſont naiz, nourris, & eſleuez dans les ſectes & religions de leurs peres, errent voirement ; mais c'eſt en croyant de bien faire. Ils errent, mais ils ne le ſçauent pas. Ils ſont plus dignes de compaſſion que de peine, & meritent pluſtoſt ſecours que de chaſtiment.

Sainct Chryſoſtome ; *Il y a grand difference entre ceux qui ſont dans l'ignorance, & qui ſont peris en icelle, & entre ceux qui*

Math. hom. 49.

son nez en la profession de la verité, & qui neantmoins, pour quelque interest du monde, l'ont quittée, & perissent dans le mensonge qu'ils ont embrassé. Peut estre ceux là auront quelque pardon; & ceux-cy n'en sçauroient du tout point auoir, ny en ce siecle, ny en celuy qui est à venir, pour ce qu'ils ont blasphemé contre le Sainct Esprit. Ceux-là seront jugez, par ce qu'ils n'ont pas cherché la verité; ceux-cy seront damnez, par ce qu'ils l'ont mesprisée. Il y a moins de faute à ne cognoistre pas la verité, qu'il n'y en a, à la mespriser apres l'auoir cognuë.

Il faut donc autrement proceder contre les heretiques. Qu'on enuoye des Predicateurs pour les instruire; Qu'on face auec douçeur, qu'ils leur donnent audience; Qu'on prie Dieu pour eux. Ce sera puis apres à Dieu de leur donner la lumiere de la foy, puis que la foy est vn don de Dieu seul, qui la donne auec sa grace, & n'est pas vn don de Mars, ou vn effet de la guerre.

Dieu commande, *Qu'on luy prenne les renardeaux qui gastent la vigne:* il ne commande pas qu'on les tuë. Canti

Sainct Bernard, *Si par les vignes nous* In C.

Ser. 64. *entendons l'Eglise, & par les petits renards les heresies ou les heretiques, le sens est naïf; Qu'il faut plustost prendre les heretiques que les chasser. Il les faut*, dis-je, *prendre, non par les armes, mais par les argumens qui détruisent leurs erreurs. Et quant à eux, il les faut, s'il se peut, reünir auec l'Eglise, & les mener à la vraye foy. C'est la volonté de ce-*
bim.2. *luy qui desire que tous les hommes soient sauuez, & qu'ils viennent à la cognoissance de la verité.* Et vn peu apres. *Si l'heretique ne veut pas reuenir à nous estant conuaincu par vne ou deux admonitions, puis qu'il est entierement subuerty, il faut, suiuant le commandement de l'Apostre, fuir sa compagnie.*

C'est le proceder qu'il faut tenir contre les heretiques, que ce Sainct Docteur de l'Eglise nous enseigne, non pas celuy de la fureur des armes duquel vsent vos Ministres. Et sçachez, s'il vous plaist, Sacrée Majesté, & tenez pour tout certain, *Que l'incrudelire contra gli heretici, sempre più gli fa imperuersare*; Que les rigueurs & les cruautez dont on vse contre les heretiques les rendent plus obstinez. Si cela ne doit iamais estre faict, encor moins lors qu'és Estats où il y a liberté de

Religion, les Catholiques ſont meſlez auec les heretiques, par ce que ſi nous les perſecutons pour la Religion, nous leur enſeignons de faire le meſme contre les Catholiques. Car outre l'intereſt de la Religion, qu'ils croyent eſtre bonne, ils voudront mettre en ſeureté leurs vies & leurs Eſtats. C'eſt choſe pitoyable de voir les maux que ce malheur a produit. La pauure Allemagne où ſ'eſt-elle trouuée reduite? Si on euſt procedé autrement au commencement, elle ſeroit aujourd'huy en meilleur eſtat qu'elle n'eſt pas. Ie ne veux pas parler de l'Angleterre, de laquelle l'hiſtoire n'eſt que trop cogneuë. D'où eſt venuë la ruine de la Flandre, ſi ce n'eſt d'y auoir voulu mettre l'Inquiſition à l'vſage d'Eſpagne? Et la ville de Naples ces iours paſſez, n'a-t'elle pas eſté toute en rumeur à cette occaſion? Et ſi l'on euſt voulu paſſer plus outre, nous l'auons, par la grace de Dieu, aujourd'hy toute Catholique; peut eſtre elle & tout l'Eſtat de Naples auroient eſté pleins d'hereſie. Dieu vueille que la guerre des Griſons ne ſoit pas vn embraſement de la foy & de la Religion par toute l'Italie. Le diable a preparé le bois, les Ministres de vostre Majesté y ont mis le feu : si bien tost il n'est étaint, (Dieu vueille que ie ne die pas vray) cest escrit, que les vns diront estre vne sottise, les autres vne malice, sera peut-estre vne prophetie. C'est assez parlé du premier chef.

Venons à la tyrannie. Dans le Manifeste il y a beaucoup de choses toutes sans preuues, & qu'on pourroit par cõsequent rejetter comme fausses : mais nous les voulons examiner, par ce que nous sçauons bien qu'il y a beaucoup de choses veritables.

Lucio de Monté, aidé de l'argent de quelques Princes estrangers, qui luy fust baillé par Pompée Planta, jusques à la somme de deux mille florins, laquelle il dõna à ses factieux, obtint par leur moyen la charge de Iuge prouincial de la ligue Grise : & s'obligea en prenant l'argent, de faire sa charge, non pas selon raison & justice, & comme il falloit selon la liberté du païs, mais selon le plaisir & au contentement de Planta qui luy auoit fourny l'argent. On voit par là que le gouuernement auoit esté mis au plus offrant. On ne doute point que de cela ne se soient ensuiuies millé tyrannies contre les biens & la vie des subjets, & c'estoit le moyen de s'enrichir. Car ceux qui achetent les charges, croyent de les pouuoir reuendre; comme on a dit autresfois d'vn Espagnol qui estoit venu par l'argent à vne grande dignité;

Emerat ille prius, vendere iure potest.

Il seroit à desirer que quelqu'vn fit voir à vostre Majesté le mesme abus dans sa Cour. Les Algazils ou Capitaines des Sergens payent de leurs charges cinq & six mille ducats. Los Escriuanos, les Greffiers achetent leurs charges, les vns dix-huict, les autres vingt-quatre mille ducats. Los Alcaldos, les Iuges du Criminel & du Ciuil, ne les achetent pas: mais ils ne les ont iamais que par des grands presens qu'ils font à vos fauoris. Que diray-je des Gouuerneurs & Vicerois qui vont au loing? Toute la Cour sçait, & vos Prouinces le ressentent bien, qu'il n'y en a pas vn d'eux qui ait ces charges pour rien, & qui ne tienne le mesme chemin. Vostre Majesté croira, s'il luy plaist, qu'ils ne sont pas si affectionnez au bien public, qu'ils vueillent abandõner leur bien pour aller commander ; encor que ce ſoit vne dignité eminente. Ils ont tous deſſein d'en retirer l'intereſt, & le font bien payer à vos ſubjets tous les ans, non à cinq, à dix, ou à vingt, mais à cent pour cent, & quelquesfois à mille : ſi bien que deuant la fin de leur Gouuernement ils en ont bien étaint le capital. Ie pourrois lire en chaire ſur ce ſujet, comme celuy qui l'ay veu de mes yeux, & éprouué à mon dommage. Cela eſt ſi public qu'aucun ne l'ignore. Ie reuiens à la tyrannie des Griſons.

Pompée Planta ſ'ingera en la charge de Magiſtrat, au Gouuernement de Forſtenau, obligeant les Officiers de ne rien faire ſans ſon ſceu, & de ſon frere Rodolphe.

Rodolphe eſtoit Capitaine prouincial de la Valteline, & auoit la cognoiſſance det crimes à Zernes, & autres lieux circonuoiſins. Il vſurpa la puiſſance du Magiſtrat des trois ligues communes, exerçant toute ſorte de tyrannie. Il entreprit ſur les Statuts & Ordonnances du païs, & eſliſoit pour Iuges, à ſa fantaiſie, ceux qu'il vouloit. Il les caſſoit ſoudain qu'ils ne vouloient pas ſuiure ſa paſſion. En quoy voulant vſer de violence en la haute Engadine, il en couta la vie à quelques vns.

Il falſifioit les loix du païs, & les ſtatuts dãs ſon détroit, les allongeant & diminuant comme il vouloit.

Par pluſieurs corruptions & pratiques il faiſoit eſlire aux charges ſes affidez, par le moyẽ deſquels il ſe mocquoit des loix, faiſoit faire des ſeditions contre les plus gens de bien, & gouuernoit l'Eſtat auec grande Tyrannie.

Pour des crimes legers il condamnoit à groſſes peines, qu'il faiſoit puis apres acheter à ceux qui vouloient ſe tirer de vexation.

S'il faiſoit le procez à quelque criminel, il trouuoit moyen de perſecuter les plus innocens, faiſant dire, qu'en l'xecution les miſerables les auoient accuſez d'eſtre leurs complices. Pour ſe tirer de la peine, il retiroit d'eux pluſieurs grandes ſommes.

Dans l'Engadine il auoit diuiſé vn chacun, meſmes les parens entr'eux. Il fomentoit les querelles par armes & à force ouuerte: dont s'est ensuiuy que plusieurs y ont esté naurez, & d'autres mis à mort.

Qu'est-ce que ces deux freres n'ont pas fait durant plusieurs années dans l'Engadine, la Valteline, & ailleurs? Quelle méchanceté y a-t'il, que leurs fauteurs & adherens n'ayent pratiquée? Il est donc vray que Pompée & Rodolphe Planta ont esté Tyrans, & chefs des Tyrans. Ce sont eux qui ont fait toutes les cruautez dont on se plaint au nom des Valtelins. On en demeure d'accord.

Mais disons la verité, Quelles gens sont ceux-cy, sinon des factieux, qui sont portez & soustenus par les Ministres de vostre Majesté? Qui leur a baillé de l'argent pour exercer leur tyrannie, si ce n'est vos Ministres? Qui les soustient encores aujourd'huy, si ce n'est vos Ministres? On peut donc conclurre auec verité, que ce sont vos seruiteurs qui ont estably la Tyrannie dans la Valteline, & dans le païs des Grisons, suiuant leur intention, qui a esté dés le commencement de diuiser ces peuples, pour les ruiner, & accroistre de la conqueste de leur Estat les Estats de vostre Majesté. L'artifice en a esté si subtil, que durant long temps les Grisons ne voyans point d'où le malheur leur venoit, n'y ont sceu apporter le remede. Les tyrans estoient si puissans & si authorisez, que ceux qui le sçauoient n'osoient le dire. En fin Dieu a fait voir leur méchanceté,& les Grisons ont trauaillé pour l'extirper iusques à la racine. Les freres Planra se meirent en fuitte, estans conuaincus en leurs consciences de leurs iniquitez. Ne pouuans estre apprehendez, on les a chastiez comme on a peu par sentence de bannissement. Depuis lequel ils ont esté tousiours entretenus & appuyez publiquement par vos Ministres,en recompense de ce qu'ils auoient fait en la Valteline, & qu'ils auoient voulu faire ailleurs.

Il y a trois choses desquelles il faut que vostre Majesté soit aduertie.

La premiere, est la tromperie dont vsent enuers vostre Majesté ses seruiteurs.

La seconde, le blasme qu'ils donnent à vostre Majesté, par les embusches & les pratiques qu'ils dressent dās les Estats des autres Princes.

La troisiesme, est l'insolence auec laquelle ils déchirent auprés de vostre Majeſté tres-indignement pluſieurs bons Princes, contre leſquels ils ont ſouuent émeu les Rois vos anceſtres, & voſtre Majeſté meſmes quelquesfois, & feront ce qu'ils pourront pour le faire encores auec plus d'effet, continuans en leurs actions dereglées, qu'ils vous veulent neantmoins faire croire & paſſer pour juſtes & ſainctes.

Quant à la premiere, il n'eſt pas beſoin de grand diſcours, puis qu'il eſt éuident que le corps de la Republique des Griſons n'a point tyranniſé ſes ſujets, n'y en la religion, ny és affaires Politiques. S'il y a eu quelque mauuais gouuernement, c'eſt celuy-là que les Miniſtres de voſtre Majeſté y ont introduit par leurs artifices. Le ſouſleuement de la Valteline n'a point eſté fait par les habitans de leur propre mouuement, ains il a eſté pratiqué, recherché, & cõme violenté par les moyens que j'ay déja déduits. Quand donc on vous veut porter à embraſſer par compaſſion les Valtelins, pour oſter aux Griſons leur eſtat en vous déguiſant la verité, qui eſt-ce qui ne voit clairement la fraude? Il n'en faut pas donc dire dauantage.

Ie

Ie viens à la seconde. Il est certain que le blasme des actions que font les Ministres d'Estat, tombent sur leurs Maistres, & semble qu'il y ait quelque raison. Le monde croit qu'ils ne doiuent pas estre si hardis qu'ils puissent, comme ils ne le doiuent, faire chose aucune d'importance, qui ne leur soit commise ou permise: & principalement quand il s'agit de quelque affaire cachée, ou publique, qui est sur le bureau, & en laquelle il y va de l'interest des autres Princes. Quand le Viceroy de Naples a autresfois surprins des places de l'Estat du Pape, qui ont esté rènduës auec grande difficulté; Quand vn autre a pillé les Galeres de Venise qui estoiẽt pleines de marchandises, sans qu'on en ait jamais sceu tirer raison: Quãd vn Gouuerneur de Milã a tasché d'auoir par trahison Casal dãs le Mõtferrat sur le Duc de Mantoüe, & le Chasteau de Bresse sur les Venitiẽs; Quãd vn a pillé sur le Cremasco, l'autre a tasché d'auoir la cité de Crema; Quãd vn de vos Ambassadeurs, auec l'intelligence du Viceroy de Naples & du Gouuerneur de Milan, dresse vne horrible conjuration contre la ville de Venise;

Quand le Gouuerneur de Milan fait reuolter les Valtelins contre les Grisons: Quand toutes ces choses se trouuēt auoir esté faictes par les armes, les hommes, & l'argent de vostre Majesté; Quand tout cela se trouue faict en vn temps que vostre Majesté faict profession d'amitié & bonne intelligence, auec le Pape, les Venitiens, le Duc de Mantouë, & les Grisons; ceux qui ne vous cognoissent pas, croyent que tout cela ce soit faict de vostre ordonnance. Là dessus ils disent ouuertement (quoy qu'il ne soit pas veritable) que le Roy d'Espagne suscite les rebellions, les coniurations, les miseres, & les calamitez de ses amis. Et tout cela, sans que vostre Majesté en ait la coulpe en elle, & quoy qu'à tort on blasme son nom Royal. Ie prens Dieu à tesmoin, que ie dis ce que ie crois de vostre Majesté. Elle est issuë d'Allemagne, qui est vne nation esloignée de toute tromperie & desloyauté: & particulierement la tres-noble maison d'Austriche a tousiours porté des Princes magnanimes, & qui ont esté ornez de toutes sortes de vertus. On ne sçauroit donc croire qu'il soit possible de ployer la grandeur de son courage à des actions basses & indignes des grands Rois. Plusieurs se trompent, qui ne sçauent pas mettre difference entre les nations, & qui croyent que dire vn Roy d'Espagne, soit de mesmes que de dire vn Roy Espagnol. C'est ce qui leur faict comprendre vostre Majesté auec ses Ministres. Ainsi faisoient les Indiens.

L'Euesque de Chiapa. *Ils croyoient voyant les actions des Espagnols, que le Roy fust encor plus cruel qu'eux.*

Ils en disoient autant de Dieu mesmes, qu'ils appelloient cruel & iniuste, à cause des mauuaises actions que faisoient les Chrestiens. Ceux qui blasment donc auec quelque raison & subject vostre nom tres Auguste, n'en trouuent pas la faute en vous, ains en vos seruiteurs. C'est contre ceux-là qu'il faut que vostre Majesté se fasche, & non contre ceux qui n'ont que trop de raisons, & trop cognuës, pour se plaindre. Autant que vous estes ialoux de vostre gloire, autant deuez vous receuoir en bonne part cest aduis, qui est tres-important pour le bien de vostre seruice.

Ie viens à la troisiesme. C'est la coustume de ceux qui font mal sous l'apparence du bien, de faire leur possible pour persuader que ceux-là font mal, qui ne font rien qu'auec raison & justice. Leurs actions estant contraires entre elles, on ne sçauroit prendre les mauuaises pour bonnes, sans condamner les plus innocentes. Vos seruiteurs blasment les Grisons de tyrannie, par ce qu'ils ont puni par Iustice les freres Planta, & leurs rebelles. Chacun voit que c'est par ce qu'ils desirent qu'on croye qu'ils ont bien faict, eux, qui les ont tousiours soustenus & fauorisez en leurs rebellions contre leurs maistres. Il a esté bien dit autresfois, *Benefacta malè locata, malefacta arbitror.* Les plaisirs qu'on faict mal à propos, sont plustost des desplaisirs qu'on faict. C'est certes le comble d'iniquité. *Totius iniustitiæ nulla capitalior est, quàm eorum, qui cum maximè fallunt, id tamen agunt, vt viri boni esse videantur.* Il n'est point de plus grãde iniustice, que de ceux-là qui au milieu de leurs plus grandes tromperies font ce qu'ils peuuent pour estre creus gens de bien. Parmy les Tyrans, c'est vne vertu de punir les gens de bien, & de recompenser les meschans: comme au contraire ils tiennent que c'est vne tyrannie & vne iniustice de punir les

Ennius.

Cicero.

meschans, & de recognoistre les gens de bien. C'est comme parlent vos seruiteurs en ceste affaire: car ils veulent faire croire qu'ils font bien de caresser les trahistres & les rebelles, & que les Grisons ont mal faict de les punir. Mais que dira-t'on de tout cela parmy le monde?

Ils adjoustent que les Grisons ont vsé de ceste tyrannie, par la practique & par les deniers d'vn Potentat voisin, *qui par raison d'Estat, se donne la liberté de faire tout ce qui luy plaist, encor que cela soit contraire à l'honneur de Dieu, au bien de la Religion, & que c'est vn subject principal des maux infinis que la Chrestienté endure.*

Modest. Espagnole parlant di Princes.

Mais qui ne rira d'vne si folle calomnie? Les Grisons ont eu grãd besoin des pratiques & des deniers d'vn grand Potentat, pour chastier vne demi-douzaine de belistres, trahistres, & rebelles, qu'ils tenoiẽt vne partie en prison, & l'autre s'estoit mise en fuite? Mais qui ne s'estonnera de voir vne si grande effronterie? *Chi non stupisce di tanta sfaciatagine?* Il faudroit que ce Potentat, sous pretexte de Religion, eut faict quelques vnes de ces meschancetez qui ont esté faictes aux Indes, pour estre descrit & dépeint des couleurs que on luy donne. Mais sont-ils pas bien modestes de ne le vouloir pas nommer ? A la verité, si ce n'estoit point, parce qu'ils l'aimẽt tant qu'ils ont son nom en horreur, il les en faudroit loüer. Il est si bien descrit, qu'il n'y a celuy qui ne l'entende. C'est ce grand Potentat, qui est né, & nourry dans l'Eglise Catholique : C'est ce grand Potentat, qui durant douze cens ans n'a jamais eu autre foy, ny autre loy que celle de nostre Seigneur IESVS-CHRIST : C'est ce grand Potentat, qui a tousiours donné vie & force à la liberté de l'Italie, dés que Rome fust opprimée par les Barbares: C'est luy, qui auec de iustes & honorables tiltres, a accreu son Estat par mer & par terre : C'est luy, qui est le rempart de l'Italie; qui par son sang & par ses thresors l'a defenduë durant tant de siecles, & la defend tous les jours contre la rage des Barbares ennemis du nom Chrestien: C'est luy, qui haït les Tyrans, aide & assiste les Princes iustes & legitimes, d'où luy vient la hayne & la malueüillance de vos seruiteurs : C'est ce Potentat comblé de gloire & d'honneur, duquel les actions sont esleuées jusques au Ciel dans l'histoire de toutes les nations. Ie n'en excepte pas mesmes celles d'Espagne, qui sans passion honorent la vertu auec verité, & qui sont plus cognuës à vostre Majesté. C'est à elle, s'il luy plaist, de recognoistre, que ce que vos seruiteurs recherchent de noircir la gloire de cét Estat auec des paroles iniurieuses, vient de la haine qu'ils luy portent par vn instinct naturel, qui leur fait haïr tous ceux qui ne leur adherent pas. En vne seule chose sont ils iustes, que sans acception de personnes, ils les traitent tous égalament, & sans en excepter pas vn. Et si le Pape, qui est celuy sur lequel nostre Seigneur IESVS CHRIST a fondé son Eglise, ne se conforme à leur volonté, ils diront qu'il est Apostat & heretique. Que s'ils ne l'osent pas dire si ouuertement, mettans quelque pretexte en auant, ils le diront iniuste, mauuais, & perturbateur du repos public: Ils l'auront pour ennemy: Ils assailliront son Estat: Ils saccageront la ville de Rome: L'assiegeront au Chasteau sainct Ange, le prendront prisonnier, le mettront à grosse rançon, comme s'il estoit vn esclaue, &

qu'eux ils fussent des Turcs, & le necessiteront pour faire sa rançon de vendre les Calices & les Croix, prendront des Cardinaux en ostage, le Chasteau en leur pouuoir, les Indulgences pour leur bource, & plus encores, si plus ils peuuent esperer. Ie n'oserois point parler de ces choses, si elles n'estoient point aduenuës autresfois. Ils le firent au temps de Charles le V. contre Clement VII. & l'eussent fait sous le Roy Philippes II. vostre pere, lors qu'il fit la guerre au Pape Paul IV. & qu'il luy print Veletri, Tiuoli, & Ostia, n'eust esté que le Roy de France, Prince veritablement tres-Chrestien, destourna ceste fureur, & que le Roy Catholique print bien tost des expediens pour se tirer d'affaires.

Sacrée Catholique Majesté, si toutes ces choses sont veritables, comme elles le sont, on peut douter auec raison que les mesmes personnes ne fassent les mesmes actions. Afin donc qu'elle puisse facilement, selon son desir, se garder d'estre trompée, empescher que vostre nom ne soit point blasmé, que les autres Princes ne soient point calomniez, & traictez indignement par vos Ministres, qui sont les trois choses que ie vous ay proposées : il ne sera pas hors de propos de mettre deuant les yeux de vostre Majesté les choses qui se font dãs vos Estats comme loisibles & permises, qui sont toutesfois tenües de tous les bons Catholiques pour abominables. Ie la supplie de me donner vne fauorable attention, à ce que ces paroles estans prinses en bonne part, comme ie les dis de bõ cœur, elles puissent, comme ie m'asseure qu'elles feront, porter quelque fruict & vtilité au public.

Les predecesseurs de vostre Majesté ont estably au Royaume de Sicile vne Monarchie souueraine, tant au temporel, qu'au spirituel. Vos Vicerois ne donnent pas seulement les offices, mais ils conferent les benefices, & disposent des excommunications & des Indulgences. Il ne faut pas donc s'estonner dequoy le Duc d'Ossonne entreprint aussi de publier le Iubilé. Le Cardinal Baronius a pleinement escrit de ces choses, & a montré par des raisons inuincibles l'injustice d'vne telle Monarchie, & que vostre Majesté ne la peut auoir, ny en vser, non plus que

Tom II. *An.* 10[illegible]

le Pape mesme ne vous la peut accorder? Si vos Ministres eussent sçeu trouuer des raisons, au moins apparentes, pour répondre à ce Cardinal, & pour destruire ses argumens, comme ils en ont trouué pour la venuë de S. Iacques en Galice, contre l'aduis de Baronius, il y a apparence qu'ils eussent des-ja respondu. Mais n'ayant sçeu trouuer aucunes raisons, ils ont eu recours au feu. Ils ont faict brusler publiquement l'vnziesme Tome des Annales de Baronius, & defendu sur griefues peines à tous vos subjects de les lire. Ils l'ont faict à fin que vostre Majesté croyant d'estre legitime Seigneur, où pour le moins possesseur de bonne foy, continuast, comme de faict elle continuë, de retenir l'vsurpation de la iurisdiction sur le spirituel dans la Sicile; comme si entre le Pape & vostre Majesté, on auoit partagé & diuisé la iurisdiction Apostolique. De sçauoir comme il faut appeller cela, i'ayme mieux qu'vn autre y mette le nom que moy.

Mais passant plus outre, ils ont porté vostre Majesté à ne se contenter point d'aller du pair auec le Pape és choses spirituelles : ains ils l'ont persuadée à prendre la superiorité. Ez censures que le Pape où ses Nonces ordonnent d'autorité contre les particuliers, en Castille on a recours au Conseil du Roy, par deuers lequel on se pourueoit, se plaignant de la violence, *aggrauandosi per causa di violenza.* Le Conseil prend la cognoissance de ces censures, & en ordonne la suspension, iusques à ce qu'il ait faict droict sur la violence alleguée. Ainsi bien souuent elles sont reuoquées absolument, où du moins on ne les sçauroit mettre à effect. On a publié en Espagne depuis quelques années des liures des Iurisconsultes, qui soustiennent que vostre Majesté & son Conseil Royal ont ceste authorité, & qu'ils en peuuent vser auec iustice. Plusieurs en ont esté offencez : & pour la personne de celuy qui le traite, & pour vostre Majesté, qui l'authorise, & s'en sert, & ne laisse pas pourtant d'estre Roy Catholique. Quelques malicieux hypocrites par leurs faux rapports, & par leurs sollicitations passionnées, auoient faict n'a pas long-temps fulminer des censures, & menacer de la guerre quelques Princes, lesquels si leur intention eust esté bien prise, n'auoient

Hieronymus Ceuallos tr. de cognit. per vian violent. causa Ec- cles. & inter pe Ecclesia

iamais eu dessein de blesser leur reputation, ny d'entreprendre sur la iurisdiction Ecclesiastique. Aujourd'huy neantmoins on supporte ces grandes & notables injures, au scandale de toute la Chrestienté, & à la diminution de l'authorité de l'Eglise. Quelques vns croyent qu'il y ait là du mystere : mais le die qui le sçaura, ie n'ay rien à dire là dessus.

Ceste tollerance, causée par la conuoitise de ceux qui croyent de bien faire s'ils accroissent vostre pouuoir par quelque moyen que ce soit, licite, où illicite, a faict aussi qu'apres auoir égalé vostre iurisdiction à celle de sa Saincteté en Sicile : apres l'auoir establie au dessus de celle du Pape en Castille; ils ont osé vous faire entreprendre sur l'authorité du sainct Esprit dans le Conclaue au faict des Eslections. Ainsi, *abyssus abyssum inuocat.* Il faut adjoüer la verité: ces grosses pensions (ie ne dis pas que vostre Majesté donne) mais que ses Ministres luy font donner: car c'est par leur conseil & à leur instance qu'elle le faict, sont-ce pas autant de marchez faicts, pour achepter leurs suffrages, & faire eslire ceux qu'il leur plaist, & ex-

clurre ceux qui ne leur agréent pas ? Il n'y a point de contract à cela : mais c'est assez que l'intention va là, encor' qu'elle soit couuerte: & neantmoins elle est trop bien cognuë de tout le monde. Vostre conscience sçait, que lors qu'on la persuade de donner ces pensions, on ne luy dit pas; Vn tel est de bonne vie, il est pauuure; où il vse bien des richesses; il les donne aux pauures de N. Seigneur IESVS CHRIST; il bastit des Hospitaux, des Monasteres: mais on luy dit, il est Prince; il est de grand maison; il a grand credit, grande suitte; il est affectionné à vostre Couronne; il est pour auoir le plus de voix; il sera tousiours affectionné seruiteur, & mille autres telles choses; en pas vne desquelles, ils n'alleguent le bien de l'Eglise, l'honneur de DIEV, le profit de la Chrestienté, mais tant seulement le contentement, & l'interest de vostre Majesté. Ie ne dis pas qu'elle fasse mal de donner ces pensions: ains au contraire elle fait tres-bien & sainctement, & le doit faire: car elle ne leur donne rien du sien, ains du patrimoine de l'Eglise, qui ne peut estre mieux distribué qu'à ceux qui en sont les principaux soustiens. Le mal est de s'en vouloir seruir pour exclurre ceux qu'il vous plaist, & de ne laisser pas faire à vn chacun ce qu'il croit en conscience deuoir estre fait. L'histoire & la memoire des hommes conseruent encores ce qui se fit par les Ministres de Philippes II. és eslections d'Vrbain VII. de Gregoire XIIII. On sçait la ioye qu'ils eurent de la mort de Sixte V. que tout le monde croit auoir esté procurée par eux. Ils craignoiẽt qu'il ne luy succedast quelqu'vn qui eust les mesmes desseins que luy. Ils cuiderent tout mettre sans dessus dessous, pour empescher qu'aucun ne fust esleu qui ne fust confident & fauorable à vostre Couronne. Vrbain VII. neantmoins luy succeda, qui ne vescut que treize iours. Aprés luy ils vouloient que ce fust le Cardinal Paleotto : mais Dieu par sa misericorde fit eslire Sfondrato, qui fust Gregoire XIIII. Ceste eslection fut faite le 5. Decembr. l'an 1590. Est à remarquer vn acte tres Chrestien & tres-prudent du Roy vostre pere: Au mois de Iuin ensuiuant 1591. il enuoya aux pieds de sa Saincteté demander pardon, & l'absolution des cẽsures qu'il auoit encouruës pour auoir souffert que ses Ministres se fussent ingerez dans les affaires du sacré Conclaue. Il ne vouloit pas que le Pape retint le souuenir & le déplaisir de ce qu'il auoit veu faire luy-mesmes par les Espagnols. Les Histoires d'Espagne le disent trop ouuertement; *Innocent IX. fust esleu sans contradiction, parce que la faction Espagnole, qui estoit de 29. & celle de Montalto, qui passoit le nombre de vingt, furent vnies ensemble.* Les mesmes parlẽt tout ouuertement és factions de France & d'Espagne dans le Conclaue. Ce qui m'étonne, c'est que Philippes II. qui auoit demandé pardon à Gregoire XIIII. de s'estre meslé dans les brigues, y retourna tout aussi tost, & si l'histoire d'Espagne ne ment, vostre Majesté, n'estant lors que Prince d'Espagne, s'en mesla, pour faire eslire le Cardinal de saincte Seuerine qui estoit Neapolitain. *Era vassallo del Rey Catholico, y tan querido de los dos Filipos, padre, & hijo, que siempre procuraron ponelle en la silla de san Pedro.* L'histoire d'Espagne adiouste, que le Duc de Sessa, qui estoit pour lors Ambassadeur, fut le dernier qui sortit du Conclaue lors qu'on le voulut

Bauia pa 3. vita d Innocen 9. c. 1.

Vita d Clem. 8.

fermer; Que ſans doute, ſ'il euſt demeuré dedans, comme on le deſiroit, il euſt aſſeuré l'eſlection de ſainćte Seuerine; Que neantmoins il vouluſt ſortir par modeſtie, à fin qu'on ne creuſt pas que l'eſlection euſt eſté faite auec moins de liberté qu'il ne falloit. Ce fuſt toutesfois vne modeſtie, qui ne fut pas tant par vertu, que par vne dexterité & adreſſe, à laquelle il fut obligé par la crainte & par la confiance. Par la crainte, de peur que les Princes de l'Europe n'accuſaſſent la violence d'Eſpagne en vne telle eſlection. Par la confiance, par ce qu'il croyoit d'auoir donné ſi bon ordre à toutes choſes, que de meſhuy ſon abſence n'y pouuoit apporter aucun prejudice. C'eſt ce qui le fit ſortir. Mais cependant dans le Conclaue;

Bauia. *Hazia en eſtè intento Madrucio, con el fabor de Eſpanna grandes diligencias, penſando ganar alcuno de los excluientes para ſancta Seuerina.*

Ainſi traittoit-on, par le moyen de l'Ambaſſadeur & des partiſans d'Eſpagne, comme le Roy Catholique le vouloit.

Neantmoins Dieu preualuſt. Clement VIII.

VIII. fust esleu, Pape veritablemẽt sainct, tel qu'il le falloit pour le bien de l'Eglise, & qui fut donné de Dieu, sans qu'aucun Prince du monde s'en meslast.

Ce Conclaue fut long, desuny, cõtentieux, & plein de rencõtres fascheuses, tel qu'il peut estre, lors que la puissance humaine, & auec elle celle de l'ennemy de toutes les bonnes actions, entreprennent de s'opposer à la volonté de Dieu. En vne autre conjoncture de temps & d'affaires, ces brigues d'Espagne eussent peu causer vn horrible schisme dans l'Eglise de Dieu. Dequoy mesme ce grand Pape Clement VIII. (qui est au dessus de toute la loüange des hommes, & duquel le nom sera glorieux en tous aages) conceut quelque soupçon, & voulut que celuy pour lequel les Espagnols auoient si extraordinairement brigué, declarast qu'il n'auoit aucunes pretensions. Ce que l'historien Espagnol dit auoir esté superflu, se trouue auoir esté faict par vne diligence importante au temps & aux actions qui s'y estoyent passées.

De ces choses, *Sacrée Majesté Catholique*, le monde tire deux consequences necessaires: où que vos seruiteurs ne croyent pas bien en Dieu, où qu'ils veulent estre plus puissans que luy. S'ils croyent en Dieu, il faut qu'ils sçachent, & qu'ils tiennent pour article de foy, que l'Eslection du S. Pere, encor qu'elle se fasse par les hommes, est neantmoins vne œuure du S. Esprit. Que s'ils le croyent, & toutesfois ils veulent tout ouuertement que l'Eslection soit faicte à leur volonté, & selon leur passion, alors ils presument d'oster au S. Esprit l'authorité qui luy appartient à luy seul. Car quel milieu sçauroit on trouuer entre ces deux extremes? Plustost accorderoit-on le feu & l'eau, la terre & le Ciel, le Paradis & l'abysme.

Ie ne sçaurois moins faire que de dire la verité: & puis que Dieu est la verité luy mesmes, c'est Dieu qui parle par ma plume. C'est vne des choses qui menace l'Eglise de Dieu de ruine, & vn Roy Catholique, qui est obligé de seruir l'Eglise, ne doit pas trauailler à la destruire. Ie pourrois adjouster beaucoup d'autres choses si ie ne voyois que *la verité engendre la haine*, qui est vne fille execrable qu'vne mere tres-saincte produit. Encor croy-ie que ces choses, que ie ne fais que toucher en passant, seront mal prises ; & ie predis à mon escrit qu'il sera reietté, pour auoir dit les choses comme elles sont. Arriue ce qui pourra. Tant plus croiray-ie d'auoir faict mon deuoir si les autres font au contraire de ce qu'ils doiuent faire, & Dieu sera le Iuge de nous tous,

En toutes ces choses, les gens de bien sçauent bien distinguer la malice des hommes, d'auec l'œuure de Dieu. Ils admirent beaucoup plus sa conduite parmy ces confusions, que s'il n'y en auoit point. Quand il tonne en l'air, & qu'il y a des nuces espaisses, le Soleil n'en est pas offencé ; non plus que parmy ces brigues l'honneur de l'Eglise, & la dignité de ce Siege, qui ne tresbuchera jamais iusqu'à la fin du monde. L'insolence des Espagnols à publier ces Histoires, & à contraindre les Italiens d'en faire des plaintes, ne laisse pas pour cela de meriter reproche. S'il y a du scandale, ce n'est que pour eux : car l'honneur de l'Eglise, quoy qu'ils sçachent faire demeurera tousiours autant que le Soleil, puis que celuy qui l'a promis est la verité mesmes. Le Traducteur au Lecteur Catholique.

Ie reuiens au suject de la Valteline. Il n'y a homme de bien au monde qui osat dire, qu'il soit loisible de faire rebeller les subjets contre leurs Princes naturels, pour se saisir de leurs Estats, sous des pretextes d'apparence, sans leur auoir declaré ouuertement la guerre. Il n'y a aussi que les heretiques, qui nient la parole de Dieu, qui puissent dire qu'il est loisible aux subjets, encor qu'ils soient mal traitez, de se rebeller contre leurs Princes. S. Pierre. *Obeïssez à vos maistres, etiam discolis.*

Pet. 2.

Il y en a qui soustiennent qu'il est loisible de proteger les subjets des autres Princes, quand ils se rebellent pour les mauuais traitemens qu'on leur fait. Ils disent que les Princes sont obligez de soulager les oppressez, & que la condition des miserables seroit trop inique, s'ils ne pouuoient esperer secours d'aucun lieu. Pour bien entendre ceste question, il ne faut pas l'examiner par des propositions vniuerselles, qui parlent seulement de quelque apparence d'equité : mais il la faut reduire aux termes prefix de la vraye Iustice. Il faut donc vser de distinction, & dire que le Prince auquel les subjets rebelles ont recours, où il n'a point de iurisdiction, ny de droict sur eux, où il en a, comme le Seigneur ſouuerain en a ſur ſes vaſſaux. S'il n'en a point, il ne les doit point proteger : parce que ſi les peuples, bien que mal traictez, font contre la loy de Dieu en ſe rebellant ; ceux qui protegent leur rebellion, l'offencent tout de meſmes. Celuy qui recele ne faict pas moins de crime que celuy qui deſrobe. Si celuy qui aſſaſſine fait mal, celuy qui le reçoit chez ſoy, & qui empeſche que la juſtice n'en faſſe le chaſtiment, n'eſt pas exempt de crime. Vos ſeruiteurs donc ont mal faict de ſe meſler des affaires de la Valteline, quand bien meſmes les habitans euſſent eſté portez d'eux-meſmes à ſe reuolter contre leurs Seigneurs : plus mal faict encore de les auoir portez par leurs artifices à faire ceſte reuolte : mais ce ſera bien le pire de tous, ſi contre toute juſtice, ils veulent retenir le Païs, comme il ſemble qu'ils le veulent faire, puis qu'ils y ont baſty des Forts, & que voſtre Majeſté les a approuuez. Cela feroit iuger au monde qu'on aime mieux l'intereſt particulier, que toutes les loix diuines & humaines, dequoy Dieu nous vueille preſeruer.

Le Seigneur souuerain seul peut auoir ce droict, & en vser en cas que les subjects de son feudataire viēnent à se rebeller. Il peut mesmes priuer le vassal du fief s'il en abuse. Car l'inuestiture ne s'accorde point pour la ruine des peuples, mais pour leur faire rendre iustice. Que si le Vassal est iniuste, & traicte mal les subjects, il déchet de sa jurisdiction, & le souuerain l'en doit priuer sur peine d'estre inique luy mesmes, & d'en estre aussi comptable deuant Dieu que le vassal mesmes.

Que maintenant il plaise à vostre Majesté d'appliquer ceste doctrine, qui est appuyée de loix & de raisons, aux actions de ses seruiteurs, à l'estat de ses subjects, & au droict que quelques autres Princes ont sur les Estats de vostre Majesté en Italie. Elle verra combien sont blasmables ses seruiteurs, ses subjets miserables, & les Princes souuerains obligez de leur donner secours. Ces paroles sembleront aigres d'abord: mais ie vous supplie de considerer si elles sont veritables, & en ce ca de les prendre à gré, comme on faict les medecines ameres. Elles vous seront vtiles, pour corriger vos seruiteurs, pou soulager vos subjects, & pour empescher les autres Princes d'vser de la jurisdiction souueraine qu'ils tiennent sur vos Estats d'Italie.

L'affaire de vos subjects, & celle de vos Officiers vont ensemble. Les vns gouuernent, les autres sont gouuernez. Ie parleray donc du gouuernement de vos Estats d'Italie, autant qu'il faict pour ce sujet.

L'Estat de Milan despuis Charles le V. a commencé d'estre tres-mal traicté. On lit encores ceste piteuse & déploree Ambassade de Baptista Archinto, qui luy feit les plaintes de l'Estat à Nisse. Parce qu'il se plaignoit au nom de sa chere patrie des malheurs qui la trauailloient, il fut veu par le Prince de mauuais œil, renuoyé sans aucun remede à ses maux, & fut aigrement reprins par les Ministres de l'Empereur. Ce qui eust porté les peuples à secoüer le ioug de Charles, s'ils eussent trouué quelque Prince qui les eust voulu receuoir. C'est ce que Paul Ioue declare tout ouuertement.

Sur le despart de Nisse, quand la legation fust publiée dans le Milanois, la haine contre l'Empereur fust si grande à cause de cét indigne Hist. l. 37

traittement, que par desespoir la pluspart se fussent reuoltez, s'ils eussent trouué quelque Prince qui eust voulu les accepter, & les traiter plus doucement. Car outre qu'ils auoient enduré des impositions insupportables, & en temps de paix & en temps de guerre, ils auoyent despuis peu souffert des exactions qu'il leur falloit payer tous les mois. Ces bonnes gens croyoient que ces maux n'auroient iamais fin tant que Charles viuroit, & qu'il seroit le plus fort en Italie.

Despuis encore, quand Strozza Pallauicino Visconti, qui commandoit pour le Roy François, s'approcha de Milan, les Ministres de l'Empereur tindrent cest Estat là pour perdu, seulement parce qu'ils sçauoient bien que ces peuples trouuoyent trop violent & trop insupportable le ioug des Espagnols.

ib. 45. *Estans picquez des charges continuelles & insupportables, il y auoit apparence qu'ils secouëroient la domination d'Espagne, qu'ils croyoient estre trop rigoureuse.*

Si despuis ce temps là leurs charges sont diminuées, où augmentées, vostre Majesté le sçait.

Qui voudra sçauoir au vray à quels termes l'Estat de Milan est reduit aujourd'huy, qu'il considere cecy. Il y a longues années qu'il est remply de soldats Espagnols qui sont logez dans les maisons des pauures habitans à discretion. Qui dit cela, Discretion des soldats & mauuais traitement, dit sans doute vne mesme chose. Quiconque n'a jamais esprouué d'auoir des soldats Espagnols logez chez soy à discretion, s'il veut mourir bien-heureux, qu'il prie Dieu de bon cœur de mourir plustost, que de l'auoir esprouué. Qu'il se contente de croire, que sous telle discretion les hostes perdent le bien & l'honneur, & font beaucoup d'auoir seurté pour leur vie. Ie laisse à part les nouuelles inuentions pour tirer de l'argent. Ie laisse les extorsions des officiers Espagnols, qui comme sangsuës ne laissent point de veine dans ce corps d'Estat qui ne soit ouuerte. Ie laisse tout cela, parce qu'au prix de loger les soldats à discretion, ie n'estime rien tout le reste. Celuy-là sans doute est deuenu insensible à toute sorte de maux, qui peut souffrir de voir les soldats consommer dans sa maison les biens desquels il auoit faict estat pour nourrir sa pauure famille : & ce qui passe toute espece de tyrannie, de voir les soldats s'appriuoiser hardiment auec les femmes, les sœurs, & les filles des pauures habitans. Il me souuient d'auoir leu qu'és guerres des Venitiens contre les Geneuois, ceux de Genes prindrent vne ville sur leurs ennemis, & la teindrent dix mois tous entiers à leur discretion. Il est vray semblable qu'auec les biens ils disposerent aussi des femmes à leur plaisir. Si bien que iusques à ce jourd'huy, quoy qu'il y ait deux cens cinquante ans passez, on ne sçauroit faire vn plus grand outrage à ces habitans, que de les appeller bastards des Geneuois. Encor que ce blâme deut estre effacé cent & cent fois par la longueur du temps & la paix continuelle de ceste ville, qui n'a jamais depuis tombé au pouuoir des ennemis, neantmoins elle s'en ressent encores auiourd'huy, & semble que l'outrage faict à ses bourgeoises soit perpetuel & ineffaçable. Si ie dis donc que le plus mauuais traictement que reçoiuent ceux de Milan, est de mettre les femmes à la discretion des soldats, ie ne parle pas sans raison: parce qu'il est vray-semblable qu'à l'aduenir on nommera les Milanois bastards des Espagnols. Si cela est suportable où non, qu'on en iuge.

Venons à la Sicile. Que vostre Majesté ne trouue pas mauuais que ie luy die ceste verité. S'il y auoit aujourd'huy quelque Prince qui recherchast de faire perir les Espagnols, comme autresfois vn Roy Espagnol a moyenné par ses artifices de faire égorger cruellement tous les François, on verroit encor bien tost & facilement des Vespres Siciliennes. Les subjets sont tous semblables, & les occasions ne commencent pas d'aujourd'huy. Qu'on lise la sedition de Messine, lors que Dom Ioan de Cardona, Viceroy, voulust faire de nouueaux imposts, & charger l'Estat de tributs insupportables; qu'on lise auec quel mépris il traita ce peuple, parce qu'ils luy representoient les libertez du pays: d'où veint qu'estans irritez contre luy, pour beaucoup de raisons, ils luy reprocherent hardiment à sa face, qu'il les traitoit comme Phalaris & Denis le Tyran.

Iosephus Bonfil. Hist. Sic. p. 2. l. 10.

Dom Vgo de Moncada, & qui est celuy qui ne s'esmeuue iustement de l'ouïr nommer? C'est cest impie qui saccagea la ville de Rome) fust apres luy Viceroy en Sicile. Puis qu'il s'est si bien comporté dans Rome, comment doit-il auoir traité les pauures Siciliens? Voila ce qu'en dit l'histoire.

Bonfill. p. .. lib. 1.

Il estoit Catalan, natif de Barcelonne, homme tres-ambitieux, tres-desireux d'auoir des biens, & par dessus tout transporté d'vne infame luxure. Il gouuerna la Sicile auec cruauté, auarice, & sfaciata libidine. Il negligea long-temps de punir les faulx-monnoyeurs, iusques à ce que descriant les mõnoyes, il appauurist tout à faict la Sicile. Et ce qui est le plus important, il faisoit publiquement le trafic des bleds, tellement qu'il épuisa tout le Royaume, & ietta la famine dans le pays, quoy qu'il soit tres-fertile. Il accompagna son auarice de beaucoup d'autres vices execrables. Il fust tres odieux à la noblesse & au peuple: tellement qu'il n'osoit pas sortir en public, quand la nouuelle veint de la mort du Roy Catholique, de peur qu'on ne luy méfit.

L'histoire descrit au long, comme tout le Païs se sousleua contre cét horrible monstre, lequel s'habilla en valet, & se sauua par la fuitte, & s'en alla en Flandres.

En sa place fut enuoyé le Comte de Monteleon, Ectore Pignatello, lequel par vn decret public voulust ratifier tous les actes, quoy que tyranniques, de Vgo de Moncada. Mais les Siciliens qui attendoient des remedes à leurs maux, voyans qu'on augmentoit leur misere, se mutinerent derechef dans Palerme. Le Viceroy fust contraint de fuir à Messine, iusques à ce que le peuple ayant esté appaisé par la noblesse, & ayant recouuert d'Espagne des nouuelles troupes d'Espagnols, il se vit assez fort pour descharger sa rage auec vne extreme rigueur contre ceux qui s'estoient émeus. Mais Vgo de Moncada qui auoit si indignement offencé tout l'Estat, au lieu d'estre chastié fut recompensé de grands biens, & honoré de l'Estendart de Capitaine general de la mer.

Ceux qui viuent à present, & par la tradition de ceux qui sont plus aagez entre-eux, & par leur propre experience, protestent deuant Dieu, que continuellement la Sicile a souffert des charges & extorsions tres-rigoureuses : mais qu'ils ont oublié tout le passé, parce qu'ayans enduré le joug insupportable du Duc d'Ossonne, ils trouuent qu'auprés des maux extrémes, les autres peuuent estre prins pour quelque sorte de bien. Ils crient iusques au Ciel, qu'il a laissé la miserable Sicile desolée, & détruite. Ils se plaignent auec des paroles pleines de gemissemens, qu'ils en ont fait souuent des plaintes en Espagne, qui ne leur ont de rien profité. Ce qui les estonne le plus, ç'a esté de voir, que de mesmes qu'il estoit arriué à Vgo de Moncada, celuy-cy au lieu d'vn chastiment a eu pour recompense la charge de Viceroy de Naples. C'est aussi de Naples que ie dois maintenant parler. I'aurois beaucoup de choses à dire, pour les auoir veuës & éprouuées : mais par ce que ie pourrois estre soupçonné d'y apporter trop de passion, pour l'interest que i'y ay, ie ne diray que ce que i'ay trouué dans l'histoire, & ce dequoy tout le Royaume de Naples est si pleinement informé, qu'on le crie à pleine voix.

Il y a long temps qu'on a essayé d'introduire l'inquisition à Naples à la mode d'Espagne. Les peuples s'y sont tousiours opposez, disans qu'il n'est pas besoin en vn Royaume Chrestien d'vne telle ri-

[margin: ...iesc.p. ...6.c.27.]

gueur, par ce que, par la grace de Dieu, leur Estat n'est point remply de Morisques, ny de Martanes. Le Viceroy resolu d'en venir à bout, voulut vser de la force. Les peuples s'armerent pour se defendre contre la violence des Espagnols. Le Pape informé de l'affaire, commanda au Viceroy, en vertu de la saincte obeïssance, de ne passer pas plus outre. Le Pape le pouuoit faire, & comme chef de l'Eglise, puis qu'il s'agissoit de la jurisdiction Ecclesiastique, & comme Prince temporel, par ce que Naples est vn fief de l'Eglise. Neantmoins le Viceroy ne voulut point deferer au commandement de sa Saincteté : ains à coups de canon, & par viue force il voulut accomplir son premier dessein. Toute la ville fust en trouble; plusieurs maisons furent d'étruites; & beaucoup de gens furent mis à mort : mais il auoit beau faire; il eust détruit toute la ville. & l'eust plustost reduite toute en poudre, que de faire ployer ces genereux Neapolitains à sa passiõ. Si bien que le Viceroy leur fit beaucoup de mal, & n'auança rien pour tout cela. Quiconque examinera ceste procedure, ne croira pas que ce soit vn zele de Religion que celuy

Bonfill. 2. l. 4.

du Viceroy, de vouloir se mesler de la jurisdiction Ecclesiastique, & de vouloir charger ce peuple d'vn joug non necessaire; & qui estoit contre raison, puis que c'estoit contre la volonté du Lieutenant de Dieu, qui est Seigneur souuerain du Royaume de Naples, au spirituel & au temporel. Il faut donc dire, que sous ce beau pretexte, il y auoit vn dessein caché du Viceroy, qui ne pouuoit estre que tres-pernicieux à l'Estat.

Ie ne sçaurois comme excuser de tyrannie, ce qui arriua en l'année 1585. Vos seruiteurs ramasserent tous les grains du Royaume de Naples, & les firent conduire en Espagne: & encor' que l'année eust esté tres-bonne, la pauure ville de Naples faillit à mourir de faim. Ce fust vne horrible cruauté, d'oster le pain aux Neapolitains, pour nourrir les Espagnols. Cela meit tout le peuple au desespoir, & le porta à vn general sousleuement. Le Viceroy, qui estoit le Duc d'Ossonne, print son temps pour décharger sa rage. Il fit mourir quarante Neapolitains: il en meit cent aux galeres: & en bannist vn nombre infiny. Les miseres de Naples ont suiuy celles

...ia vit. ...ixto 5.

les de la Sicile, comme le Duc d'Ossonne estoit venu de la Sicile à Naples. Suiuant ce que i'ay promis, ie n'en veux pas dire autre chose. Assez parlera pour moy l'inscription, non moins veritable que piteuse, que ceux du Royaume de Naples ont publiée par tout le monde, laquelle seruira d'vn public & memorable Eloge du Duc d'Ossonne.

Miserescite exteri. Exhorrescite posteri. Petrus Gironus Dux Ossunẽsium, Natione Hispanus, Genere perduellis, Religione Turcicus. Italici, Dalmatici, Germanici fax cruenta bellorum. Non vnius Siciliæ Verres. Neapoli, pollutis templis, conspurcata nobilitate, deprædato ærario, monito Mauro, accersito Trace, Veneta vrbe per insidias ad ex-

cidium tentata. Regis ſimplicitate, per corruptos aulicos diu multúmque deluſa. Hoſpitum manubiis per triennium ditato milite, compulſiſque populis ad eorum ſtationes redimendas. Fœdata infandis exemplis, ab nimis ad infandum prona ciuitate. Nobilibus aliquot ad ſe vario, quâ munere, quâ vaframento, pellectis. Largitionibus, & vanis ſpebus plebe deluſa. Atque eorum ſeditioſiſſimo bis extra ſortem renunciato tribuno. Denique fruſtra vetatis armis tentatis arcibus. Et in armatos ciues, per triduum circumducta acie ſceleſtorum. Opportuno ſucceſſoris aduentu, cedere solo & salo compulsus. Aurum nostrũ quod hîc corrasit, nequiter alibi lasciue sparsurus. Prouinciæ Neapolitani heu quõdam regni, inermes, enerues, populorum deglubiti greges, palantes, balantes. Teterrimas suas clades, ignotas regi longinquo & torpenti. Fascino Sãdouallico. Pagella, & calamo, quæ sola sunt reliqua, repræsentant vrbi & orbi. Misereſcite exteri, exhorreſcite posteri.

Que les eſtrangers ayent pitié de nous, & que la posterité ait en horreur l'autheur de nos miſeres. Pierre Giron Duc d'Oſſonne Eſpagnol, traiſtre à ſon Roy, & Turc de Religiõ; Qui a ſeruy de flambeau pour allumer vne guerre ſanglante en Italie, en Dalmatie, & en Allemagne; Qui a pillé, non la Sicile ſeulement, mais pluſieurs autres Prouinces; Qui a à Naples pollué & prophané mal-heureusement les Eglises, honny la Noblesse, vollé l'argent du public; Qui a eu des intelligences auec les Grenadins; Qui a appellé les Turcs à son secours; Qui a voulu par trahison faire perir la ville de Venise; Qui a long temps abusé de la bonté du Roy par les pratiques des Courtisans; Qui durant trois ans a enrichy les soldats des dépoüilles du pauure peuple, qu'il contraignoit de racheter les logemens par des sommes immenses; Qui a soüillé d'exemples execrables la ville de Naples, qui n'est que trop encline à ces mal-heurs; Qui a gaigné quelques Gentils-hommes, partie par des presens, partie par supercherie; Trompé le menu peuple par quelques dons, & par des folles esperances; Et qui a par deux fois, hors de rang, estably pour Tribun du peuple celuy qui estoit le plus seditieux dans Naples; Qui a en vain tasché de desarmer la ville, tasché de se saisir des chasteaux & forteresses; Et qui durant trois iours a mené vn gros des plus scelerats garnemens qu'il auoit peu trouuer à trauers des pauures Neapolitains, qui auoient esté contraints par la necessité de recourir aux armes. En fin, par l'heureuse venuë de son successeur au Gouuernement, a esté cõtraint de quitter la terre & la mer, emporter nos richesses, qu'il a icy méchamment arraché de nos mains, pour les prodiguer lasciuement ailleurs. Les Prouinces de Naples, qui a esté autresfois vn Royaume florissant, desarmées, & dénuées de toutes forces; les milliers des peuples crians à haute voix, & remplissans l'air de leurs gemissemẽs pour leurs miseres, calamitez, & horribles ruines, qu'ils voyent estre incogneuës au Roy, qui est esloigné d'eux, & lequel les charmes de Sandoual éloignent de la cognoissance de ses affaires; n'ayans plus rien de reste de leurs fortunes, que la plume & le papier, representent leur malheur à la ville de Rome, & à tout l'vniuers. Les estrangers s'en émouuront: ceux qui naistront cy aprés ne parleront de nos miseres; qu'en detestant celuy qui en est la cause.

C'est ainsi, Sacrée Majesté, que Naples se lamente, que la Sicile fait ses plaintes, & que le pauure Estat de Milan fend l'air de ses souspirs & de ses gemissemens, qui vont iusques au Ciel. Ils n'osent pas dire neantmoins, tant ils sont miserables, tout ce dequoy ils ont sujet de se douloir. Il ne leur est pas loisible d'exprimer par leurs voix plaintiues, tous les torts qu'ils sont contraints d'endurer. A peine, quand le monde les regarde, osent-ils se fascher de leurs plus extrémes infortunes. C'est ce qui fait que leur ressentimẽt est beaucoup plus grand, & qu'il leur tient bien plus au cœur.

'inus. *Tacitus mœror & luctus : verentibus ne ipsæ lacrymæ pro contumacia habeantur. Crescit dissimulatione ipsa dolor; hoc altius demissus quo minus profiteri licet. Ils s'affligent & se plaignent en secret, craignans que leurs larmes ne leur tournent à crime. La douleur s'augmente quand elle est contrainte de se couurir: & entre bien plus auant dans les cœurs, s'il n'est pas permis de la faire paroistre.*

De ces trois grandes Prouinces, qui sont les principales de toute l'Italie, ie trouue que l'histoire marque, mesmes sous l'Empereur Charles le quint.

Ceux de l'Estat de Milan, estans reduits à iol. 39. *vne extréme pauureté, & estans tourmentez durant long temps, mesmes en plaine paix, se plaignoient en vain de la dureté des Gouuerneurs, & l'Empereur leur faisoit l'oreille sourde. Le Royaume de Naples (quo nihil spoliatius vnquam fuit) qui estoit plus ruiné qu'aucun autre Estat ne fust iamais, estoit tout à fait abatu, ayant esté dépoüillé de toute sa gloire, & ne retenant plus rien de son ancienne dignité. En la Sicile, les charges & impositions annuelles, les imposts sur les bleds, les continuels logemens des soldats, qui la ruinoient de fonds en comble, faisoient que le desir que les Siciliens auoient de se reuolter, ne leur faisoit rien tant rechercher que l'occasion.*

Mais certes, c'est bien tout autre chose au temps où nous sommes: leur condition est empirée plus qu'on ne sçauroit l'exprimer.

Ie ne croy pas, Sacrée Majesté, qu'il y ait Prince au monde, lequel dans les necessitez de l'Estat, ne soit contraint de faire des choses qu'il ne voudroit pas : tant parce que le jugement se trouble par les passions, & par l'interest, comme aussi par ce que quelquesfois la volonté souffre des émotions. Il y a cela de plus : c'est que les Ministres souffrent bien plus ces troubles & agitations, & ont bien leurs passions plus violẽtes que ne peuuent iamais auoir les grands Rois. Et neantmoins par ce qu'ils sont les yeux, les oreilles, les pieds, & les mains des Princes, leurs actions rejaillissent sur la persõne de leurs maistres. Nous disons donc que les Princes, comme aussi leurs Ministres, peuuent estre trompez, & peuuent faillir par mégarde, ou par passion. Mais ie soustiens qu'il n'y a point d'Estat dans l'Europe, quel qu'il soit, où les Ministres ayent fait les fautes, & ayent vsé des cruautez dont les Espagnols ont vsé. Que vostre Majesté prenne la peine de regarder ce que ie cotte en ce discours, qui n'est pas la milliesme partie de ce qui est dans l'histoire; Qu'elle lise ce qu'ils ont fait aux Indes, qu'vn Euesque a décrit fidellement: elle verra que ce que ie dis est si veritable, qu'on n'y sçauroit respondre. Elle en conceura aussi vn déplaisir extréme, pour l'amour de ses pauures subjets, qui souffrent vne desolation prodigieuse. Elle aura en horreur les déportemens de ses seruiteurs; & comme vray Prince Catholique, elle y apportera les remedes conuenables. Si elle ne le fait pas, alors elle donra ouuerture au droict des autres Princes que ie luy ay cy deuant designé.

Vostre Majesté sçait bien que le Duché de Milan est vn fief de l'Empire; Que Naples & Sicile sont fiefs de l'Eglise. Le Pape & l'Empereur, lors que les subjects de ces Estats ne sont pas gouuernez auec justice, sont obligez à Dieu en leurs consciences, ou bien de prendre derechef la Seigneurie immediate des Estats, comme ils ont le droict de souueraineté: ou biẽ de bailler le fief à quelque autre Prince qui les gouuerne mieux, & d'oster à vostre Majesté l'inuestiture de ces fiefs, desquels elle se trouuera descheuë par l'injustice de ses Ministres qu'elle a si long temps endurée. Si elle ne le craint pas à present pour l'Estat de Milan, par ce que l'Empereur est de la maison d'Austriche, & son proche parent: Si elle n'apprehende rien pour Naples & Sicile, parce qu'elle sçait bien que le Pape qui est à present luy est fort fauorable: neantmoins elle a encore grand suject de deffiance. L'amitié tres-estroitte, & le parentage, auec quelques autres interests qui leur peuuent estre conjoincts peuuent beaucoup : mais le desir du Ciel, la peur de l'enfer,& l'horrible jugement de Dieu,qui doit donner l'vn où l'autre, peuuent beaucoup plus comme ie croy : ſi bien que le Pape & l'Empereur, aymeront beaucoup mieux que tous vos intereſts d'auoir ſoin du ſalut de leur ame. Ioint que la dignité du S. Siege & l'Empire, viennent par eſlection,& ne ſont point hereditaires. Si bien que ſi vous auez à cette heure vn Pape fauorable, celuy qui viendra apres luy pourra vous eſtre contraire. Si l'Empereur eſt aujourd'huy de la maiſon d'Auſtriche, il ſe peut faire qu'il y en ait vn au premier iour, qui ſera ennemy de voſtre maiſon. Il eſt donc pour arriuer que trouuans de ſi iuſtes occaſions, ils voudront reſolument vous deſpoüiller de leurs fiefs. Et quand le Pape & l'Empereur ne le feroient pas, ie pourrois dire que ce ſera Dieu luy-meſme qui vous les oſtera : & alleguer ſur cela les authoritez des ſaincts Peres, & des Propheties de l'Eſcriture ſaincte, que ie laiſſe pour euiter prolixité. I'adiouſteray ſeulement vn mot: que quand bien il n'y auroit rien à craindre de toutes ces choſes là, voſtre Majeſté doit grandement faire conſideration de l'extreſme deſplaiſir de vos peuples, & en conceuoir vne grande apprehension, parce que

Inuisa nunquam imperia retinentur diù.

Les Empires qu'vn chacun hait, ne durent pas long-temps.

C'est à vostre Majesté de voir en ce discours, comme ses seruiteurs font courir fortune à tous les Estats qu'elle tient en Italie, tant par les mauuais traictemens dont ils vsent enuers vos subjets, que par les desseins qu'ils font tousiours sur les Estats des autres Princes. Que si iamais le Pape où l'Empereur vous font la guerre, tenez pour constant que vous aurez sur les bras tous les Princes d'Italie, & peut estre de l'Europe, parce que les interests de leurs Estats leur ont faict ouurir les yeux.

Que vostre Majesté se propose, comme si elle oyoit tenir ces propos aux Princes d'Italie, & qu'elle escoutast ces discours sortans de leur bouche.

Que faisons nous? pourquoy ne nous resoluõs-nous pas de nous opposer de toutes nos forces à ceux qui par mille tromperies pourchassent nostre ruine? Les Espagnols tiennent en Italie Milan, Naples,

& Sicile ; outre beaucoup de places qu'ils ont osté à de petits pauures Princes, qui n'ont pas peu les defendre, comme Monaco, Piombino. Corregio & autres: & toutesfois ils ne sont pas encores contens. Ils se sont à ceste heure saisis de la Valteline, par le moyen de laquelle ils pensent nous fermer entierement le passage des estrangers nos alliez, qui peuuent venir à nostre secours, & le tenir ouuert pour eux, à fin de pouuoir vnir auec leurs forces, celles que la maison d'Austriche peut leut enuoyer d'Allemaigne. C'est par ceste vnion qu'ils croyent de mettre bas la Republique de Venise ; laquelle s'ils ostent vne fois, ils ne croyent pas qu'il y ait aucun Estat en Italie qui les puisse empescher de s'en rendre absolument les maistres.

Paul Ioue. *Comme les esprits des Espagnols se laissent tellemẽt emporter à la conuoitise effrenee de commander, & maistriser les autres peuples : si bien que lors qu'ils sont vne fois establis, ils vont tousiours de tout leur pouuoir à l'Empire.*

Quand ils seront venus à ce poinct, ils voudront que le Pape soit Chapelain du Roy d'Espagne, & que tout ce que nous ſommes de Princes en Italie, nous ſoyons autant de petits officiers dans la maiſon du Roy. Nous ſçauons bien aſſeurément que c'eſt le deſſein des Eſpagnols. Il y a long-temps que nous voyons combien de ruſes ils employent pour en venir à bout, & cependant n'eſt-il pas eſtrange de nous voir ainſi auec les mains croiſées? Nous nous en repentirons bien tard, ſi bien toſt nous ne prenons là deſſus vne bonne & ferme reſolution.

Ceux qui regardent droict à la perſonne de voſtre Majeſté, au nom de laquelle vos ſeruiteurs agiſſent, ont la meſme penſée qu'ils expriment auec ces paroles.

Philippes Roy de Macedoine, ne ceſſoit d'accroiſtre ſon Eſtat par embuſches, trahiſons & ſacrileges. Ceux de la ville de Thebes le firent general des trouppes qu'ils auoient dreſſées cõtre les Phociens, pour venger le ſacrilege par eux commis au temple d'Apollon, où ils auoient pillé tous les treſors ſacrez, & faiſoient auec cela la guerre aux Thebains. Philippes, *ſous pretexte de pieté & de Religion*, accepta promptement la charge, ſe rendit le chef de l'entrepriſe, & à la premiere rencontre vainquit les ennemis. La Grece retentissoit de ses loüanges.

Justinus lib. 8.

Il n'est pas croyable combien cela luy acquit de gloire par tout le monde. Chacun disoit, c'est Philippes qui a vengé le sacrilege, & a tiré raison de ceux qui auoient mesprisé la Religion. Il a esté seul trouué digne d'expier par ses armes le crime pour lequel il estoit iuste d'assembler toutes les forces de l'vniuers. Celuy-là approche bien de la nature diuine, qui a peu chastier ceux qui auoyent mesprisé la Majesté de Dieu.

Mais des l'heure que Philippes se vit victorieux & qu'il recognust ses forces, il tesmoigna que sa pieté estoit simulée, & que sa religion n'estoit que fainte. Il manqua de foy à ceux qui l'auoient estably sur eux, & s'assubjettit, comme s'ils eussent esté ses ennemis, les villes & les peuples par les armes desquels il auoit gaigné la victoire.

Justinus.

Craignant d'estre surmonté par les ennemis, & de n'estre pas creu aussi sacrilege qu'ils estoyent, il pilla & saccagea les villes, apres les auoir forcées, qui auoient combatu sous ses enseignes, qui auoient publié son bon-heur,

& par le moyen desquelles il auoit esté victorieux.

Ainsi peu à peu faisant croistre les dissentions des guerres, faignant d'assister tantost les vns, tantost les autres, en fin les trompant tous, il vsurpa la domination sur toute la Grece.

Voicy (disent les Princes Italiens) vn autre Philippes Roy d'Espagne, qu'on tasche de rendre tout semblable à celuy de Macedoine; parce qu'il ne songe autre chose que d'assubjettir l'Italie, comme l'autre Philippes assubjettit la Grece; parce qu'il entre auec les mesmes *pretextes de pieté & de Religion*; parce que ses Ministres vsent des mesmes tromperies & desloyautez: en fin on luy fait auoir le mesme but de l'autre, à fin qu'vn jour on puisse dire; *Philippus veluti è specula quadam libertati Italicæ insidiatus, dùm contentiones ciuitatum alit, auxilium inferioribus ferendo, victos pariter victorésque subire regiam seruitutem coegit. Philippes estant en vn lieu esleué, d'où il regardoit la liberté d'Italie pour la prendre au piege, cependant qu'il nourrissoit les dissensions des villes, & qu'il aidoit aux plus foibles, a contraint en fin les vaincus &*

les victorieux de receuoir ſes loix, & les a tous aſſeruis.

Ils concluent donc, que puis que le coup eſt preueu, ils ſeront bien dénuez de ſens ſ'ils n'y ſçauent pas apporter le remede.

Ce n'eſt pas qu'il n'y ait rien à craindre pour les François, pour les Anglois, pour les Allemans, & pour toutes les autres nations. Qu'ils tiennent pour aſſeuré que les progrez des Eſpagnols en Italie, ſont les preparatifs de leur ruine. Qu'ils ſe ſouuiennent qu'auſſi toſt que les Romains eurent vaincu l'Italie, ils ne trouuerent plus rien qui les empeſchaſt de ſ'aſſubjettir tout le monde. Noſtre deffence donc les touche par leur propre intereſt. Et nous & eux tous enſemble pouſſez d'vn commun intereſt, deuons auſſi par vn commun conſentement & par des forces communes, chercher à reprimer & opprimer les forces d'Eſpagne, *quæ oppreſſuræ ſunt niſi opprimantur*, qui nous accableront ſi elles ne ſont point abbatuës. Que ſi quelqu'vn doute, ſi vn grand Roy Catholique peut auoir de ſi extraordinaires deſſeins, qu'il regarde bien

bien ce que ses ancestres ont fait de tant de grands Rois & puissans Princes qu'ils ont trouuez aux Indes, à fin que par la calamité d'autruy, chacun apprenne d'euiter son malheur.

Sacrée Majesté, Ce sont les discours des Princes d'Italie, qui ne sont point des idées & des chimeres formées par gentillesse d'esprit, mais des fermes & solides pensées & considerations d'Estat, tirées des bons fondemens de l'histoire & des deportemens de vos Ministres.

On cognoist aujourd'huy par tout que la pieté & la Religion seruent de masques & de faux visages, qu'on prend afin de paruenir à l'vsurpation des Estats, quoy qu'à la verité *libido dominandi sola causa belli habeatur ; la seule passion de dominer, est le vray sujet de la guerre.* Ainsi Dom Pietro d'Arragon se rendit maistre de la Sicile ; Les Rois Catholiques ont ainsi enuahy toutes les Indes ; Ainsi Philippes II. essaya d'occuper le noble Royaume de France. C'est sous ce mesme pretexte que vos Lieutenans ont saisi la Valteline, laquelle ne s'est point rebellée d'elle-mesmes pour auoir esté tyrannisée en la Religion, ny és biens de la fortune : mais elle y a esté portée par le moyen des noises & dissensiõs que vos gẽs y ont semées, & par la tyrannie qu'ils y ont introduite, par le moyen des traistres Pompée & Rodolphe Planta, & autres leurs adherens. Ceux-là vous trompent qui vous font croire autrement, & qui au lieu de vous porter à la guerre contre le Turc, qui fait tant de mal à la Chrestienté, & en particulier qui nuit tant à vos Estats, la détournent d'vne si glorieuse action. Ils luy mettent dans l'esprit, sous pretexte de Religion, de détruire les Grisons par les armes parce qu'ils sont heretiques, au lieu de tascher à les conuertir par la predication de l'Euangile. C'est par ces actions, & autres semblables, qu'ils font blasmer vostre nom Royal & Auguste. Dequoy elle doit se fascher cõtre eux : principalement par ce que viuans si mal parmy vos pauures subjets, ils ne laissent pas de blasmer par des paroles maudites les meilleurs Princes de la Chrestienté. Que s'ils ne sont arrestez, & si on ne leur retient la main & la langue, ils diront & feront encores pis, non seulement contre les Princes, mais aussi contre le Chef de l'Eglise, auquel ils ne veulẽt pas seulement vous égaler, mais mesmes ils veulent le mettre au dessous de vous, & veulent entreprẽdre sur l'authorité du Sainct Esprit, pour eslire des Papes qui dépẽdent de vostre Majesté. Ils veulent que vous soyez Roy de toute l'Italie, & qu'à cela la Valteline doit seruir de chemin. Vous ne la pouuez pas retenir de droict, quand mesmes il seroit vray que ces peuples se fussent rebellez de leur propre mouuement; ains vostre Majesté la doit rendre à ceux qui en sont les Seigneurs naturels; par ce que vous n'auez pas sur eux l'actiõ qu'vn Prince souuerain a sur son vassal. C'est le moyen de vous frire voir, non seulement l'injustice à laquelle vous veulent porter vos seruiteurs, vous conseillent d'vsurper les Estats des autres Princes, contre le deuoir d'vn Roy Chrestien: mais aussi le peril eminent où ils jettent tous les Estats que vous auez en Italie. Ils ont esté tousjours gouuernez auec tant de violence, d'extorsion, & de Tyrannie, qu'ils obligẽt le Pape, & l'Empereur, qui en sont les souuerains, par le propre soin de leur salut, de vous en oster l'inuestiture, & de la donner à des Princes, qui les regissent justement, & auec douceur. Si cela arriue, toute l'Italie vous courra sus, laquelle dans l'affaire de la Valteline, voit bien que les desseins des vostres, vont à se rendre les maistres de tous les autres Estats. Tous les Princes Italiens attribuans à vostre Majesté les actions de ses Lieutenans, disent que vous auez desir d'estre seul Roy en Italie, comme fit jadis Philippes de Macedoine en la Grece: & qu'aprés l'Italie vous desseignez de deuenir Monarque de tout le monde, comme les Romains. Dont ils inferent que c'est le commun interest de tous les Princes de l'Europe de s'opposer à vos armes, à fin que vos gens ne facent pas en l'Europe, ce que leurs deuanciers ont fait au nouueau monde.

I'ay jusques icy parlé de toutes ces choses, & les ay pleinement monstrées à vostre Majesté, non pas auec dessein, comme d'autres ont fait contre les Roys & Princes, de médire malicieusement contre la gloire de vostre nom, ou pour émouuoir contre vous la haine des peuples. Ie n'ay eu pour but, que de vous découurir la verité, laquelle ne va iamais, ou bien fort peu souuent, aux oreilles des Princes, sans estre violée & gastée par l'artifice de ceux qui veulent obliquement auoir les bõnes graces des Roys, sans les auoir meritées. Ie sçay tres-bien que vostre Majesté craint Dieu, qu'elle aime la iustice, qu'elle hait la tyrannie, qu'elle est contente du sien, & ne veut rien qui soit aux autres. Elle aime sa reputation, elle desire la paix, elle hait la guerre, elle aime le bien de ses subjets, la paix de vos voisins, & le repos de la Chrestienté. Ie me promets que receuant en bonne part mes paroles, & les pesant comme il faut par sa prudence, vostre Majesté ne voudra pas que la verité, qui est fille de Dieu, qui vous est enuoyée de Dieu, & qui vous parle au nom de Dieu, se retire arriere de vous, sans auoir de rien profité. Qu'elle face donc changer les actions & les desseins de ceux qui la seruent; Qu'on rende la paix à l'Italie, à ce que tout le monde cognoisse que vous estes veritablement Prince juste, & auec toute sorte de raisons, Roy Catholique.

FIN.

www.ingramcontent.com/pod-product-compliance
Lightning Source LLC
LaVergne TN
LVHW020024170826
845678LV00001B/112

* 9 7 8 2 3 2 9 7 5 7 6 0 5 *